W0179256

MICHAELA RUSSMANN

ROHGENUSS

KNAUR
BALANCE

MICHAELA RUSSMANN

ROHGENUSS

Herd aus – Glück an

MIT 60 VEGANEN
ROHKOSTREZEPTEN

KNAUR ✳
BALANCE

Besuchen Sie uns im Internet:
www.knaur-balance.de

Originalausgabe 2017
© 2017 Knaur Verlag
Ein Imprint der Verlagsgruppe Droemer Knaur GmbH & Co. KG, München.
Alle Rechte vorbehalten. Das Werk darf – auch teilweise –
nur mit Genehmigung des Verlags wiedergegeben werden.
Redaktion: Désirée Schoen
Fotos:
Foodstyling und Foodfotografie: Michaela Russmann
Alle weiteren Fotos im Innenteil: Jochen Russmann
Coverabbildung: Jochen Russmann
Covergestaltung: Veronika Preisler, München
Layout, Satz und Illustrationen: Veronika Preisler, München
Druck und Bindung: Firmengruppe APPL, aprinta druck, Wemding
ISBN 978-3-426-67551-9

2   4   5   3   1

INHALT

DIE REZEPTE

FÜR DANACH – DESSERTS   118

Vorwort

Rohkost ist mehr als ein Trend, Rohkost ist mehr als nur chic, Rohkost ist das pure Leben. Es geht hier nicht um alles oder nichts, es geht um Wohlbefinden, Genuss und Gesundheit. Nichts liegt mir ferner, als jemanden zu missionieren, zu bekehren oder sonstige Einschnitte in seine freie Entscheidung vorzunehmen. Ich bin selbst keine reine Rohköstlerin und auch keine Anhängerin von strikten »100 % ohne Ausnahmen«-Konzepten, aber ich bin eine begeisterte Anhängerin der gesunden Küche, und hier kommt die rohe Küche mit einer großen Präsenz ins Spiel. Aus dem Vollen der Natur zu schöpfen ist eine meiner Lieblingsbeschäftigungen, und diese Natur in kreative Gerichte zu verwandeln ist mein Job. Ein Job, der den authentischen Geschmack von Obst und Gemüse wiederfindet – und der meine Kunden oftmals nicht glauben lässt, dass man aus so wenig so etwas Großartiges auf den Teller zaubern kann. Und das Wichtigste dabei: Es schmeckt!

Nach 20 Jahren Erfahrung in der rohen Küche wage ich zu behaupten, dass diese Art der Ernährung jeden begeistert. Den passionierten Fleischesser ebenso wie die leidenschaftliche Kuchengenießerin, den langjährigen TCM-Anhänger oder das Kind, das Gemüse hasst … Ich habe sie alle mit meinen Gerichten überzeugen können, die Teller waren leer und die Gäste glücklich. Dieses Glück möchte ich weitergeben inklusive meiner großen Menge an Erfahrung, weil es beim Essen um uns alle geht … um unsere Gesundheit, unseren Körper und unseren Planeten. Lasst uns Unkompliziertheit zelebrieren, innovativ sein und Qualität auf den Teller und in unser Leben bringen. Weg von einem Dogma und hin zu einer bewussten Ernährung voller Vielfalt und Glück.

Ihre Michaela Russmann

ROHKOST-BASICS

Mein Weg zur rohen Küche

Seit jeher wird in meiner Familie das Thema »Gesunde Ernährung« großgeschrieben. Mein Vater durfte schon, als ich noch in den Kindergarten ging, einen Bioladen sein Eigen nennen und war aufgrund seines Leistungssports (österreichischer Staatsmeister in Leichtathletik) ernährungstechnisch vorbelastet – die Suche nach dem Besten für den Körper hat mich durch meine gesamte Kindheit und Jugend begleitet. Papa brachte die neuen Ernährungsformen mit nach Hause, und Mama setzte sie kreativ um. Somit bin ich schon sehr früh mit der Materie »Gesunde Küche« in Berührung gekommen, und sie wurde zu einem Thema, das mich mein gesamtes Leben lang mal mehr und mal weniger intensiv begleiten sollte. Um meinen achtzehnten Geburtstag herum kam dann die Rohkost ins Spiel und hat mich von Anfang an schwer begeistert, weil die Möglichkeiten schier unendlich schienen – wovon ich bis heute überzeugt bin und dazu inzwischen mehr als 800 Rezepte entwickelt habe.

Mein frühes Mamawerden (mein Mann und ich durften in sehr jungen Jahren schon Elternglück genießen) trug ebenfalls maßgeblich dazu bei, dass gesunde Ernährung noch mehr zu einem wichtigen Teil in meinem Leben wurde, da es mir ein großes Anliegen war, unseren Sohn gesund durchs Leben zu bringen. Der Plan ging auf, Moritz war mit seinen achtzehn Jahren stets gesund, allergiefrei, hat

eine schöne Haut (trotz Pubertät) und weiß die Vorzüge einer gesunden Ernährung zu schätzen.

Als leidenschaftliche Gastgeberin sprudelte ich vor lauter kulinarischer Ideen, und somit lag eine Kochbuchproduktion auf der Hand. Mittlerweile darf ich zehn Kochbücher aus eigener Hand mein Eigen nennen und freue mich sehr, dass auch dieses den Weg in den Buchhandel geschafft hat.

Zudem reisen mein Mann und ich liebend gerne. Mit unserem Sohn im Gepäck erkunden wir Länder und deren kulinarische Vielfalt. Wir lassen uns inspirieren und nehmen Geschmacksnuancen mit nach Hause, die ich als Rezepte in neue Kochbücher einfließen lasse. Unsere Lieblingsziele sind der gesamte skandinavische Raum und hier besonders Island … Man glaubt es ja kaum, aber in Island gibt es ein Restaurant mit einer Auszeichnung für die beste rohe Küche namens *Glo'*.

Nach vielen Jahren in der Marktforschung und einem Studium der Soziologie (mit Schwerpunkt auf Ernährung und Gesundheit) begann ich Workshops und Seminare zur praktischen Umsetzung der rohen Küche anzubieten und war überrascht, wie begeistert diese angenommen werden. Dabei sind meine Kunden keine Rohköstler oder Veganer, sondern einfach interessiert an einer gesunden Ernährung, teils alternativ zu dem, wie sie bisher essen, und teils als Ernährungsumstellung. Ich liebe es, Kunden mit meinen Gerichten zu überraschen, und meine Kunden lieben Geschmack und Leichtigkeit … eine Win-win-Situation also.

2011 eröffnete ich mit einer Freundin die Bio-Werkstatt, einen Bioladen mit Bistro. Hier konnte ich meiner Kochleidenschaft nachgehen, großartige Erfahrungen und Kompetenzen sammeln und meine Kunden mit Köstlichkeiten aus der gesunden Küche verwöhnen. Der Anklang war riesig, und alle waren stets zufrieden. Weitere spannende Aufgaben und Projekte riefen und veranlassten mich dazu, das Bistro zu übergeben, um mich ihnen ganz zuzuwenden. Unter anderem darf ich Restaurants im Aufbau unternehmerisch mit Rat und Tat zur Seite stehen und sie von meinen Erfahrungen profitieren lassen. Zudem unterrichte ich an unterschiedlichen Bildungseinrichtungen den gesunden und rohen Lebensstil. Seminare und Workshops stehen weiterhin auf meinem Arbeitsplan, und das Kochbuchschreiben ist immer noch eine meiner größten Leidenschaften.

So ist die Rohkost zu einem wichtigen Teil meines Lebens geworden, den ich nach wie vor mit großer Freude ausübe und genieße. Im Moment ist die kalte Küche genau das Richtige für mich, vielleicht wird das auch noch lange so bleiben, vielleicht für immer, vielleicht kommt mal was Neues … Ich werde immer neugierig und wissbegierig bleiben. Und jetzt bin ich gespannt, wie Sie mit meinem Kochbuch in die Welt der rohen Küche eintauchen werden, in welcher Intensität auch immer. ROH ROCKT!

Das Rezept zum Buch

ROHGENUSS zeichnet sich durch wenige Worte aus: Es ist einfach & unkompliziert, genussvoll & geschmackvoll, wunderschön & kunterbunt, alltagstauglich & festlich, für Anfänger & Fortgeschrittene. Sie finden hier leckere Rezepte für jeden Anlass und Geschmack mit leichter Handhabung (keine besonderen Gerätschaften vonnöten) und ohne notwendiges Vorwissen. Alles ist leicht nachzu »kochen«, so dass auch Sie als Gastgeber(in) entspannt mitfeiern und genießen können. Ob süß, herzhaft, würzig, orientalisch, traditionell, außergewöhnlich oder herzhaft – in *ROHGENUSS – Herd aus – Glück an* finden sich Inspirationen für jeden Tag und für jeden Geschmack. Rohkost in Hülle und Fülle verführt zum Nach»kochen« und bietet den gewissen Mehrwert, der in die Tiefe geht, weil die Gerichte mehr können als nur gut schmecken. Zu vielen der Zutaten gibt es etwas über deren Vorzüge, Schönheitsfehler, Lagerung und Geschichte nachzulesen. Zahlreiche Tipps, Tricks und Erfahrungswissen von meiner Seite runden dieses besondere »Kochbuch« ab.

Kalorienzählen, lästige Diäten und sonstiger Verzicht haben in diesem Kochbuch nichts verloren. Ob ein 5-Gänge-Menü oder nur ein roher Snack für zwischendurch – jeder kann selbst entscheiden, mit welchem Aufwand er die kalte Küche zelebrieren möchte. Eine meiner wenigen Empfehlungen wäre, auf biologische und hochwertige Zutaten zurückzugreifen, weil man den Unterschied schmeckt!

Alle Rezepte sind, wenn nicht anders angegeben, für vier Portionen gedacht, und auch die Zubereitungszeit ist durchdacht. Die Gerichte sind, bis auf zwei bis drei Ausnahmen, in weniger als 15 Minuten auf den Teller gezaubert (Zieh- oder Härtezeiten ausgenommen).

In der rohen Küche sollten immer folgende Lebensmittel vorhanden sein: Nüsse, Ölsaaten (Kürbiskerne, Sesam …), Trockenfrüchte, Kakaopulver, Kokosflocken, Kokosöl, Ölauswahl (Leinöl, Hanföl etc.), hochwertiger Essig, tiefgefrorene Beeren, eine ausgewählte Auswahl an Superfoods (Weizengraspulver, Kakaonibs, Leinsamen …), Lieblingsgewürze, eine Salz- und Pfefferauswahl (Kräutersalz, Zitronenpfeffer), Avocados und Bananen zum Nachreifen … Den Rest kaufe ich immer frisch ein.

Mein rohes Werkzeug

Wenn man möchte, kann man sich in Unkosten stürzen und viel Geld für Küchengerätschaften ausgeben: einen Dörrapparat, eine Wasseraufbereitungsmaschine, ein Gerät für die Herstellung von Pflanzenmilch, eine teure Küchenmaschine, einen Gemüsezerkleinerer, einen Hochleistungsstandmixer, einen Minismoothiemaker für unterwegs, einen Entsafter, eine Weizengraspresse, zwei Keimgeräte, energetisierte Karaffen und, und, und …

Ich hingegen benötige lediglich ein Brett, mein Lieblingsmesser, einen Standmixer und für Gemüsenudeln einen Julienneschneider (der ist supergünstig und nimmt wenig Platz weg). Ich bin keine Freundin der vielen Küchenhelfer, weil sie enorm viel Platz in der Küche einnehmen und meist viel zu wenig genutzt werden. Zudem hasse ich es, Geräte zu reinigen, und beschränke mich somit gerne auf dieses Minimum an Geräten. Das ist auch auf längeren Reisen praktisch, weil die paar Dinge in jeden Koffer hineinpassen. Kleiner Tipp: Das Messer beim Fliegen nie ins Handgepäck … da ist mir schon das eine oder andere gute Teil abhandengekommen und erfreut vermutlich den einen oder anderen Flughafenmitarbeiter.

Die fabelhafte Welt der rohen Küche oder: Was kann roh?

Im deutschsprachigen Raum ist die vegane Ernährung als Thema bereits in der Mainstream-Berichterstattung angekommen. Nun zeichnet sich ein weiterer Trend ab: »Vegan Raw Food« ist ein Megahype, der in den USA schon lange, und besonders im ästhetikbetonten Kalifornien, Fuß gefasst hat. Allein in Los Angeles gibt es etliche Raw-Food-Restaurants, und auch ich biete in meinem Restaurant rohe Köstlichkeiten an. Viele Hollywoodstars und auch europäische Prominenz (in Deutschland z. B. Nena) ernähren sich zu einem hohen Anteil roh. Laufend eröffnen neue Restaurants, und es gibt sogar eine eigene Fachmesse, die sich ausschließlich mit dem Thema Rohkost beschäftigt. Ein Szenetrend auf dem Weg zur Massentauglichkeit. Die Menschen möchten schön, jung, sexy und vor allem gesund sein und bleiben, Wünsche, die mit Rohkosternährung einfach umzusetzen sind.

Was macht Rohkost so besonders wertvoll? Dass die Temperatur bei ihrer Verarbeitung unter 42 Grad Celsius liegt. Ab dieser Temperatur nämlich setzen in Lebensmitteln Vorgänge ein, die das Produkt verändern und dazu führen, dass wesentliche Inhaltsstoffe verlorengehen. Bei der Rohkost bleiben die natürlichen Bestandteile dagegen erhalten, besonders Vitamine und Enzyme. Dadurch wird der Organismus weniger belastet, ein Völlegefühl oder gar Müdigkeit nach dem Essen bleibt aus. Rohkost ist zudem reich an Ballaststoffen und somit positiv für die Verdauung. Ihr größter Pluspunkt ist vermutlich die vorbeugende Wirkung gegen die klassischen Zivilisationskrankheiten. Kein Übergewicht, ein geringes Risiko für Herz-Kreislauf-Erkrankungen, kein Diabetes und auch die präventive Wirkung gegen einige Krebsarten sind die gesundheitlichen Vorteile einer roh belassenen Ernährung.

Die industrielle Herstellung von gekochter Nahrung hat zudem eine bedeutende ökologische Auswirkung. Große Mengen an Ressourcen werden benötigt, um die erforderliche Energie für die Nahrungsmittelproduktion zu produzieren. Im Vergleich zur westlichen Durchschnittsernährung benötigt eine roh-vegane Ernährungsweise nur einen kleinen Bruchteil der Energie und produziert dazu kaum Abfall. Außerdem fördert eine Rohkosternährung eine lokale und biologische Landwirtschaft und reduziert somit den Einsatz von Pestiziden, Herbiziden und chemischer Düngemittel, welche die Umwelt belasten. Ich finde, allein das erzeugt ein gutes Gefühl bei der Rohkosternährung.

Meine absoluten Lieblingsvorteile der rohen Ernährung sind: die Leichtigkeit, die man verspürt, wenn man einen hohen Anteil an rohen Lebensmitteln zu sich nimmt, und das schöne Hautbild, das sich durch die Rohkost ergibt. Viele meiner Kunden schwärmen von besserem Schlaf und höherer Konzentrationsleistung. Manche meinen auch, mit Rohkost das eine oder andere psychische Problem in den Griff bekommen zu haben. Bei jedem wirkt die Rohkost anders positiv, aber sie wirkt, und das zu jeder Uhrzeit, Jahreszeit und an jedem Ort. Trotzdem noch einmal: Eine strikte 100-%-Raw-Food-Ernährung ist nicht erstrebenswert. Einige Gemüse (z. B. Kartoffeln, Hülsenfrüchte wie Bohnen etc.) sind sehr wertvoll, aber roh nicht zu genießen. Und natürlich ist es keine »Sünde«, auch mal einen gebackenen Kuchen zu essen – die Menge macht bekanntlich das Gift!

Rohkost – die kunterbunte Geschmacksexplosion

Rohkost ist schon von Haus aus eine bunte Angelegenheit. Wenn man im Lebensmittelladen durch die Gemüse- und Obstabteilung spaziert, wird man mit Farben und Gerüchen konfrontiert, die jedes Gemüseliebhaberherz höherschlagen lassen. Gerade die bunte Vielfalt verführt zum Probieren und Kennenlernen von Obst- und Gemüsesorten, die man vielleicht noch nie gekostet hat – Geschmacksexplosion garantiert! Ich schlendere mit meinem Bruder gerne mal über den Markt, und wir teilen uns eine Frucht, die wir bislang nicht kannten. Selten laufen wir blitzschnell zum nächsten Mülleimer, und meistens genießen wir den Himmel auf Erden – aber über Geschmack lässt sich bekanntlich nicht streiten.

Oftmals macht es auch die Kombination. Ingwer harmoniert wunderbar mit Limette und Kokos. Pilze lieben Majoran, und Rote Bete passen ganz ausgezeichnet zu leicht säuerlichen Äpfeln. Einen knackigen Paprikasalat kann man prima mit etwas Paprikapulver aufpeppen und den ursprünglichen Eigengeschmack des Gemüses damit unterstreichen bzw. hervorheben.

Oft vergessen wir, dass uns mehr **als 100 Obst- und Gemüsesorten** zur Verfügung stehen. Dabei enthalten sie alle wichtigen Nährstoffe und sorgen für eine bunte Vielfalt auf dem Teller. Nüsse, Pilze, Avocados, verschiedene Samen sowie Erbsen und Linsen liefern zudem die nötigen Proteine. Vitaminpower ist in der Rohkostküche garantiert. Obst und Gemüse strotzen regelrecht von einer unglaublichen Vitaminvielfalt … Abwechslung vorausgesetzt, kann sich der Nährstoffcocktail im gesamten Körper entfalten, und das strahlt man dann auch optisch aus.

Roh durch die vier Jahreszeiten – weil guter Geschmack immer Saison hat!

Mittlerweile lassen sich das ganze Jahr über beinahe alle Obst- und Gemüsesorten erwerben. Der Supermarkt hält zwölf Monate im Jahr alles bereit, auch Erdbeeren im Winter sind mittlerweile normal, und auf Feldsalat und Kohlsprossen, ein ganz typisches Wintergemüse, muss man auch im Sommer längst nicht mehr verzichten. Eine Entwicklung mit gravierenden Folgen für Mensch und Natur. Das alte Wissen über Lebensmittel der Saison ist in den letzten Jahrzehnten immer mehr verlorengegangen. Aber es wäre gar nicht so schwer, das Vergessene wieder zu erlernen. Ein gemütlicher Spaziergang über den Markt lässt einen schnell wieder erkennen, welche Obst- oder Gemüsesorte aktuell Saison hat. Ich kombiniere dies immer mit einem Familienausflug oder einem gemütlichen Frühstück im Anschluss. Ein hilfreicher Tipp: *Saisonale Produkte kommen großteils aus heimischen Regionen!*

Saisonal einkaufen bedeutet, Gemüse oder Obst neu zu entdecken. Zudem schmeckt es besser und frischer, ist gesünder und eben ökologisch verträglicher, weil die Produkte weniger weit transportiert werden müssen.

Fakt ist: Roh und saisonal orientierte Küche tut dem Körper, der Umwelt und dem Gaumen gleichermaßen gut! Und gleichzeitig habe ich immer ein gutes Gefühl, weil ich die Kleinproduzenten unterstütze.

Jede Jahreszeit bietet ein typisches Sortiment an Obst und Gemüse. Ich denke dabei an die ersten Frühlingsboten wie Spargel, Radieschen oder Rhabarber. Der Sommer lässt mit seiner Vielfalt an Salaten, Fruchtgemüsen wie Paprika oder Zucchini und den verschiedenen Beeren das Gourmetherz höherschlagen. Und der Herbst besticht durch eine farbenprächtige Auswahl an Kürbis- oder Kohlgewächsen. Lagerware wie Kraut, Kartoffeln, Rüben und Äpfel versorgt uns auch im Winter mit wichtigen Vitaminen und zahlreichen Mineralstoffen. Durch kürzere Transportwege kann einheimisches bzw. regional geerntetes Obst und Gemüse natürlich und genügend lange reifen. Das wirkt sich unter anderem positiv auf den Geschmack aus. Eine verfrühte Ernte und lange Transportwege dagegen haben negative Auswirkungen auf Qualität und wertvolle Inhaltsstoffe von Obst und Gemüse (z. B. Vitaminverluste).

ROHE FRÜHLINGSGEFÜHLE

Im Frühling werden die Gerichte durch frisches Grün ergänzt. Vitaminreiches Gemüse ist nach der Winterzeit jetzt ganz besonders wichtig. Mit frisch geernteter Kresse, Schnittlauch, Jungzwiebeln, Radieschen und dem ersten Freilandsalat macht sich der Frühling bemerkbar. Die ersten Kohlgemüse, wie frischer Kohlrabi und Frühkraut, kommen auf den Tisch. Der zarte Spargel auf dem Teller kündigt den Sommer an.

Sich roh durch die Jahreszeiten schlemmen ist demnach mehr Genuss als Verzicht. Ich freue mich immer riesig, wenn sich eine neue Jahreszeit einstellt und der Teller plötzlich ganz anders gefüllt wird.

SO SCHMECKT DER ROHE SOMMER

»Hitzefrei«, schreit die Sonne und stellt eine Schüssel reifer Melonen auf den Gartentisch. Rohkost im Sommer ist für viele eine Selbstverständlichkeit. Ob seiner Vielfalt an aromatischen Früchten oder knackigem Gemüse aus dem eigenen Garten hat der Sommer es rohköstlich einfach drauf. Trotzdem wird gerne zur nicht ganz so bikinifigurschonenden Eiscremevariation gegriffen und zum schnellen fertigen Sandwich – auch ich verfalle gelegentlich der ungesunden Versuchung. Dabei ist eine rohköstliche Ernährung gerade im Sommer wunderbar bunt, vielfältig und extrem genussvoll. Knackige Salatvariationen, fruchtige Desserts aus Beeren oder leckeres Eis aus frischen Früchten – alles in roher Form möglich, einfach und für die ganze Familie schmackhaft. Mit ungekochten Gerichten kommt man demnach ganz einfach und fit durch den Sommer. Bei Guacamole

in kleine Tomaten gefüllt oder gefrorenen Himbeeren, mit etwas Kokosmus und Datteln zum Süßen püriert, hat jegliche Angst vor Verzicht keine Chance.

Nicht zuletzt bringen saftige Erdbeeren den Geschmack des Sommers auf den Tisch. Nicht nur als Kuchen oder Eis sind die Früchte vielseitig verwendbar, sondern auch in flüssiger Form, z. B. als geeister Smoothie oder als Saft.

HERBSTZEIT – DIE KÖSTLICH-KEITEN DER ROHKOST

Wenn sich der Sommer zum Ende neigt, die Blätter von den Bäumen schweben und die warmen Pullover aus dem Schrank geholt werden, fühlt sich der eine oder andere eher der heißen Gemüsesuppe und dem wärmenden Ingwertee zugetan als der Rohkost. Ich selbst bin ein Riesenfan von heißen, gemütlichen Suppensessions, dabei behält die Rohkost auch im Herbst ihren ungebrochenen Reiz. Gerade die Herbstzeit rund um Erntedank präsentiert sich in einer unglaublichen Vielfalt. Die breite Palette von heimischem Obst und Gemüse reicht von frischen Äpfeln und Birnen über Salate bis zu Kohl- und Wurzelgemüse. Täglich genossen, versorgt man seinen Körper mit wertvollen Vitaminen und Mineralstoffen und beugt einer Erkältung in der Übergangszeit vor. Die teils nasskalte Zeit kann man sich durchaus mit wärmenden Gewürzen und Lebensmitteln kulinarisch einwandfrei gestalten … auch mit Rohkost. Und ich kann beschwören, dass ich seit meinem erhöhten Rohkostkonsum nur ganz wenige Tage krank im Bett verbracht habe.

Die große Vielfalt wärmender Lebensmittel reicht von Chili, Ingwer, Koriander, Kardamom, Kreuzkümmel und Muskat über Zwetschgen und Granatäpfel bis zu Fenchel, Kürbis, Petersilienwurzel und Meerrettich.

Aber auch das Auge kommt im Herbst auf seine Kosten. Bunt, bunter, Rohkostherbst, könnten die Steigerungsformen lauten. Eine Riesenschüssel gemischter Salat mit allem, was der Garten (oder das Gemüseregal) hergibt, erfreut nicht nur das eigene kulinarische Herz, sondern auch das meiner lieben Familie, meiner Bekannten und besten Freunde.

Und dann hat sich alles so wunderbar eingespielt, man geht und isst mit den Jahreszeiten, und dann kommen die Feiertage, es ist zum Verzweifeln, oder doch nicht?

ROHE OSTERN

Ostern steht vor der Tür und somit auch der prall gefüllte Ostertisch mit Gerichten, die der Hüfte oftmals nicht sehr guttun. Kurz nach der Fastenzeit, sofern sich der eine oder andere etwas zurückgenommen hat, ist die Gefahr des berühmten Jojo-Effekts besonders hoch. Aber Ostern muss nicht in Völlerei ausarten, und traditionelle Gerichte wie Osterzopf, Lammbraten, Ostereier, Schokoladenosterhasen, Osterschinken mit Sahnemeerrettich oder cremige Möhrentorte können gut mit Rohkost ergänzt bzw. durch sie ersetzt werden.

Avocadostücke mit Kala Namak (auch Schwarz- oder Schwefelsalz genannt) ersetzen Eier als Brotaufstrich, und gut pürierte Cashewkerne ergänzt mit Salz, Knoblauch und fein geriebenem Meerrettich machen dem klassischen Sahnemeerrettich

ROH. Ich handhabe es in meiner Familie so, dass immer eine ausgefallene neue rohköstliche Tortenkreation auf dem Tisch steht und meine Liebsten neugierig macht – gesättigt von der rohen Power, bleibt die gebackene Torte meist übrig und irgendwann dann ganz weg … aber alles Schritt für Schritt, da wir niemanden bekehren wollen und jeder selbst entscheiden darf.

ernsthaft Konkurrenz. Und ganz unter uns, eine große Rohkostplatte, mit all ihren bunten und einladenden Farben, lässt jeden Gemüseskeptiker herzhaft zugreifen und genießen. In meiner Familie ist der Gemüseteller immer der, der ganz bestimmt leer geputzt wird.

MUTTERTAGS BLEIBT DIE KÜCHE KALT

Muttertag steht vor der Tür und somit die kulinarische Herausforderung für Tochter und Sohn. Menüpläne, von langer Hand geplant, wollen mit all ihren Feinheiten und Tücken vor- und zubereitet werden. Im Grunde alles eine tolle Sache, denn was gibt es Schöneres, als für Menschen zu kochen, die man liebt.

Und dann die Hiobsbotschaft aus den familiären Reihen: Anna isst kein Fleisch, Michael verträgt keine Milch. Daniela bekommt Magenschmerzen von Getreide, und Oma Eva muss auf raffinierten Zucker verzichten. Zudem fällt die Vorbereitungszeit doch kürzer aus als gedacht, weil ein Spaziergang durch die Stadt gewünscht wird (und was sich Mama wünscht, ist an Muttertag Gesetz ☺). Dieses Dilemma hat eine Lösung, und die heißt

GENUSSVOLL DURCH DIE WEIHNACHTSZEIT

Und dann kommt auch schon Weihnachten … der Alptraum der Rohkost, weil die Versuchung überall lauert. Aber darf ich ihr nicht auch mal nachgeben? Ich meine: Ja, sicherlich, weil ich mich nämlich a) nicht kasteien möchte und b) die Menge das Gift macht – also liebe Leute, seid entspannt, aber auch etwas klug im Umgang mit Zucker und Co.

Rund um die stillste Zeit im Jahr hat der Körper oftmals mehr zu tun als in der restlichen Zeit. Ein Vanillekipferl hier, ein Becher süßer Beerenpunsch da, ein kleiner Lebkuchen dort, betriebliche Weihnachtsfeiern, Adventskaffeestunden, Glühwein und Bratwürste auf dem Christkindlmarkt, der bunte Teller mit Omas verführerischen Plätzchen … die Liste ließe sich vermutlich ins Unendliche fortführen. Was dem Gaumen so wunderbar mundet, lässt den Körper eher verzweifeln. Durch den vielen Zucker, Alkohol und übermäßig viel Fett und gleichzeitig den verringerten Konsum von frischem Obst und Gemüse kommt es schneller mal zu einer Erkältung, schlechterem Schlaf und weniger Wohlbefinden. Dabei ist es ganz einfach, wohlschmeckende, gesunde und wunderbar aussehende Alternativen auf den festlichen Speiseplan zu setzen.

Schon einfache Tricks, wie immer einen großen Salat vor dem üppigen Mahl essen oder am Weihnachtsmarkt den Punsch mit seinem Liebsten teilen, dankt der Körper mit Vitalität und Wohlbefinden.

Sollte mich trotzdem eine Erkältung erwischen, greife ich ganz besonders auf folgende Lebensmittel zurück:

1. Zitrone, Orange, Grapefruit und Guave sind reich an Vitamin C, welches bekanntlich die Abwehr steigert und das Immunsystem schützt.

2. Brokkoli und Kohlgemüse (hier ganz besonders der Grünkohl) sind reich an sekundären Pflanzenstoffen, Betacarotin und Kalzium.

3. Mandeln sorgen mit ihren natürlichen Präbiotika für eine gesunde Darmflora, die nicht unwesentlich für ein gesundes Immunsystem ist.

4. Gewürze für die Immunabwehr sind: Zimt, Kümmel, Oregano, Cayennepfeffer, schwarzer Pfeffer und Ingwer. Diese wärmenden Gewürze schmecken sowohl gut in Tee (außer dem Cayennepfeffer) als auch in zahlreichen Gerichten, denn im Herbst darf es schärfer sein.

5. Weizenkeimöl erhält viel Vitamin E. Dieses Vitamin besitzt antioxidative Eigenschaften und schützt vor freien Radikalen.

6. Kresse ist gerade in der Zeit, wenn es früher dunkel wird, wie ein Frischmacher. Sie liefert neben zellschützenden Vitaminen (C, B_1 und B_6) auch Eisen und Jod.

Iss dich schön mit Rohkost

Nahrung als Jungbrunnen? Iss dich jung, schön, klug und sexy mit Rohkost. Tipps und Ratschläge rund um die Schönheit kennt man eher aus der Kosmetikindustrie, dass man jedoch auch ohne teure Produkte tolle Ergebnisse erzielen kann, schont nicht nur den Geldbeutel, sondern ist auf Dauer auch wesentlich gesünder, weil viel Chemie im Gesicht und auch am Körper keinem Menschen guttut. Mit Obst und Gemüse kann das Hautbild verschönert und die Haut straffer werden (wie schon weiter oben erwähnt, einer meiner Lieblingsvorteile von Rohkost). Manche Menschen können nach einer intensiven Rohkostkur an sich auch eine Verbesserung der Sehkraft oder fülligeres und glänzenderes Haar beobachten. Aber welche sind die Lebensmittel, die uns schöner machen? Walnüsse sorgen durch die ideale Kombination von Kalzium, Kalium, Magnesium, Eisen und Zink sowie auch Pantothensäure für eine tolle, glatte Haut.

Schönsein mit Rohkost ist praktisch garantiert. Walnüsse, Beeren, Tomaten, Möhren, Sonnenblumenöl und Meerrettich sind wahre Jungbrunnen.

Die Weisheit »Schönheit kommt von innen« habe ich schon von meiner Großmutter gehört. Vermutlich meinte sie damit wohl eher die inneren Werte, heute weiß man jedoch, dass der Spruch auch auf die Nahrung bezogen seine Gültigkeit hat. Nährstoffe verjüngen und verschönern das Hautbild ganz ohne Chemie. Fahler Teint, tiefe Falten und Unreinheiten können mit der richtigen Ernährung der Vergangenheit angehören. Da die Haut auf eine verbesserte Nährstoffzufuhr geradezu gierig reagiert, ist der Effekt einer aufblühenden Haut innerhalb von wenigen Tage erkennbar, und was kann schöner sein als ein schnelles Ergebnis? Wer schön sein will, muss in diesem Fall nicht leiden, weil gesund erstens wahnsinnig gut schmeckt und zudem wunderschön bunt anzusehen ist. Ich finde es immer sehr spannend, meine Kunden dabei zu beobachten, wie sie regelrecht aufblühen unter meiner rohköstlichen Leitung.

Also Finger weg von teuren Cremes mit wissenschaftlich klingenden Inhaltsstoffen, und ran an Obst und Gemüse, denn was täglich gegessen wird, das strahlt die Haut aus und hebt das Gemüt. Im Folgenden habe ich Ihnen eine Liste mit Küchen-Tipps für einen schönen Körper zusammengestellt:

- Beeren statt Botox. Eine sehr hohe Schutzwirkung durch viele Antioxidantien gegen freie Radikale zeichnet insbesondere die dunklen Beeren aus. Zudem verbessert der hohe Vitamin-C-Anteil die Hautelastizität und fördert die Verdauung.

- Tomaten und Möhren verzögern nicht nur die Alterung der Haut, sondern haben regelrechte Sonnenschutzqualitäten. Der Verzehr von Tomaten und Möhren liefert einen Lichtschutzfaktor von 4, und einen frischen Teint gibt es noch obendrauf. (Wichtiger Hinweis: In den Sommermonaten bitte trotzdem einen zusätzlichen Sonnenschutz verwenden!)

- Die im Sonnenblumenöl enthaltene Linolsäure (diese findet man auch in anderen pflanzlichen Ölen wie Maiskeimöl oder Distelöl) führt bei einem Mangel zu rauher und geröteter Haut. Die hohe Menge an Vitamin E in diesem Öl hat eine festigende Wirkung auf das Bindegewebe und die Haut wirkt frischer.

- Meerrettich wirkt wie ein Antibiotikum. Die enthaltenen Senföle fördern die Durchblutung und desinfizieren von innen. Im Idealfall konsumiert man die frische Variante!

- Mohn macht eine wunderbare Haarfülle.

- Die Kiwi hilft mit einem hohen Anteil an Vitamin C bei der Wundheilung der Haut.

- Sojasprossen straffen die Haut und sagen ade zu allen chemischen Faltenkillern.

- Mandeln enthalten Vitamin E und Phenol. Diese Antioxidantien sorgen für eine glatte Haut.

- Avocados machen trockene Haut geschmeidig … nicht nur als Gesichtsmaske.

- Knoblauch wirkt antibakteriell und wirkt somit auch auf die Haut heilend.

- Spinat und Rucola sind voller Vitamin B_2. Damit wird der Stoffwechsel angekurbelt und die Haut schön.

- Kürbis und Marillen wirken hautstraffend und pflegend. Insbesondere der hohe Gehalt an Betacarotin tut hier die Hau(p)tarbeit. Ein natürlicher Sonnenschutz ist somit ebenfalls gegeben (Achtung: Ersetzt keinesfalls die Sonnencreme!).

- Brokkoli und roter Paprika: Der hohe Gehalt an Vitamin C macht auch Brokkoli und roten Paprika zu wahren Hautverschönerern.

- Finger weg von Zucker, Weißmehl, Frittiertem und Geschmacksverstärkern!

- Nicht zu vergessen: Wasser, Wasser, Wasser trinken!

- Da gerade in stressiger Zeit oft der Griff zum schnell verfügbaren belegten Brötchen oder der Gang ins Fastfood-Restaurant erfolgt, habe ich es mir angewöhnt, immer eine Antistressmischung in meiner Handtasche zu haben … meist bestehend aus Nüssen und Bananen.

Chill-out mit Rohkost

Kurz vor Ferienbeginn kann mir die Arbeit schnell man zu viel werden. Altlasten wollen noch erledigt, Urlaubsvertretungspläne erstellt und der Haushalt perfekt organisiert sein. Völlig erledigt hetze ich dann in die wohlverdiente Erholung und versuche mich zu entspannen. Wenn der ganze Stress endlich verarbeitet ist, kann man schon wieder packen und ab geht's nach Hause. So macht Urlaub natürlich wenig Sinn und vor allem wenig Spaß. Idealerweise lässt man solche Stressphasen gar nicht zu, was leichter gesagt als getan ist, aber was leicht gesagt und auch getan werden kann, ist sich mit diversen Aktionen Entspannung zu verschaffen. Sei es ein wohltuendes Bad, ein Teeritual oder ein gemütlicher Abend mit einem Lieblingsfilm. Aber auch bestimmte Lebensmittel können entspannend wirken und zur Beruhigung beitragen. Ich habe hier ein paar der Chill-out-Lebensmittel in Rohkostqualität zusammengestellt, wenn alles wieder mal zu viel ist … Tiefenentspannung garantiert, weil Obst und Gemüse der Stresskiller Nr. 1 sind. Ich hab's am eigenen Leib ausprobiert:

- **Nüsse:** Das in der Nuss enthaltene Magnesium wirkt wie ein Antistressmittel. Auch die B-Vitamine beeinflussen die Stimmung positiv und steigern die nervliche Belastbarkeit. Das in der Paranuss in hohen Mengen enthaltene Selen macht diese zur Königsnuss in Sachen Beruhigung des Nervensystems.

- **Kakao:** Das im Kakao enthaltende Serotonin, auch Glückshormon genannt, hat eine stresssenkende Wirkung und macht gutgelaunt und glücklich.

- **Avocados:** Vitamin B_1, Kalium und Magnesium stärken die Nerven und heben das Gemüt. Jeden Tag eine Avocado macht fit und leistungsstark. Und der hohe Kupfer- und Eisenanteil beugen Blutarmut vor, die oftmals die Ursache für Erschöpfung und Müdigkeit ist.

- **Bananen:** Das gelbe Powerobst enthält das Protein Tryptophan, das im Körper zu Serotonin umgewandelt wird. Wie schon beim Kakao erwähnt, sorgt das Glückshormon Serotonin für gute Laune und gehobene Stimmung. Zur

Milderung von Stress trägt auch der hohe Gehalt von Vitamin B_6 und Kalium bei.

Ja, und dann müssen wir neben einer strahlenden Optik und gelassenem Tun auch noch schlank sein … auch hier hat Rohkost unbestreitbare Vorteile:

essen oder sich anstelle der Nachmittagskekse doch einmal Rohkoststicks und Studentenfutter zu gönnen, schafft man die gewünschte Gewichtsreduktion spielend leicht, insbesondere wenn man eine Mahlzeit durch reine Rohkost ersetzt und mit Gemüse und Obst arbeitet, das viel Wasser enthält. Auf diese Weise ist das rasche Erreichen der Bikinifigur garantiert.

Mit Rohkost zur Bikinifigur

Man kennt das doch: Das neue Jahr ist noch sehr frisch, und die guten Vorsätze sind noch aktuell. Laut Umfragen stehen eine gesunde Ernährung und mehr Sport zu treiben ganz oben auf der To-do-Liste für das neue Jahr. Viele versuchen sich an dubiosen Abnehmtricks, die nicht nur teuer, sondern oftmals auch völlig wirkungslos sind. Warum sich mit Kalorienzählen, Hungern oder »Wie kaschiere ich mit Kleidung meine unnötigen Pfunde« das Leben schwermachen, wenn es auch ganz einfach, unkompliziert und effektiv funktionieren kann? Die Lösung kann natürlicher nicht sein – Rohkost klappt immer. Hier spricht niemand von einer reinen Rohkosternährung ohne Ausnahmen, hier geht es um gesunde Alternativen zur gewohnten Ernährung. Mit unkomplizierten Tricks, wie z. B. vor jeder Mahlzeit einen großen Salat zu

Folgende Obst- und Gemüsearten unterstützen das Abnehmen:

Grapefruit, Erdbeeren, Heidelbeeren, Himbeeren, Papaya, Wassermelone und Johannisbeeren sind hervorragende Obstsorten mit hohem Wasser-, jedoch niedrigem Zuckergehalt. Großzügiges Zugreifen wird mit einem flachen Bauch belohnt. Beim Gemüse wird die Liste um einiges länger, da Gemüse von Haus aus einen geringeren Zuckergehalt aufweist.

In großen Mengen kann man hier zugreifen:

Auberginen, Blumenkohl, Pilze, Tomaten, diverse Salatsorten, Gurke, Kohlrabi, Brokkoli, Radieschen, Paprika, Sellerie, Spinat, Zucchini und Spargel.

Und wenn das alles noch nicht zum gewünschten Erfolg führt, gönne ich mir ein paar Saft- bzw. Smoothie-Tage. Der Hype rund um das flüssige Gewichtswunder ist ja groß, aber ist er auch gerechtfertigt?

Der gemixte Saft in aller Munde – was ist dran am Smoothie-Hype?

Smoothies, ob frisch vor den Augen des Kunden gemixt, schon zubereitet in Karaffen, frisch aus dem Smoothie-Regal in hübschen Flaschen oder länger haltbar aus den Regalen diverser Supermärkte – Fakt ist, sie bilden einen wichtigen Beitrag zur Ernährung vieler Menschen und sind jedermann bekannt.

Bei Hollywoodstars wie Gwyneth Paltrow, Alessandra Ambrosio oder Nicole Richie ist der grüne Smoothie in der Hand quasi schon Pflicht.

Smoothies sind beinahe überall erhältlich, aber immer mehr Menschen bereiten sich diese auch selbst zu Hause zu, mit Hilfe von Standmixern oder gar Hochleistungsstandmixern – den Ferraris unter diesen Geräten.

Smoothies können viel: Sie helfen beim Entgiften und Abnehmen, stillen den Hunger und versorgen mit Flüssigkeit.

Noch nie war es so einfach, große Mengen an Obst und Gemüse zu sich zu nehmen. Mit großer Vorsicht sind allerdings die fertig verpackten Smoothies aus dem Supermarkt zu genießen. Versteckte Zuckerzusätze und Konservierungsstoffe mindern den gesundheitsfördernden Faktor. Dagegen empfiehlt sich der selbstgemachte oder vor dem Kunden frisch zubereitete Smoothie.

Ein paar Dinge sollten jedoch bei der Smoothie-Zubereitung beachtet werden:

- Beim Verhältnis von Obst- und Gemüseanteil sollte der Gemüseanteil immer überwiegen.
- Verwenden Sie nie mehr Obst, als Sie im unpürierten Zustand essen würden.
- Der Fruchtzuckeranteil bei reinen Obst-Smoothies ist sehr hoch – hier ist auch Vorsicht bei Kindern geboten –, alles mit Maß und Ziel!
- Abwechslung beim Grün dankt der Körper … Grünkohl, Spinat, Mangold, Salat oder Wildkräuter – so bekommt man die ideale Abwechslung.
- Blattgemüse macht den Körper basisch und stärkt das Immunsystem. Es enthält jede Menge Chlorophyll, fördert damit die Wundheilung und wirkt gegen Giftstoffe im Körper.

Dem Flüssigen habe ich oft zu verdanken, dass ich mich straff und flach fühle und ab in die Sonne kann. Als sehr hellhäutiger Mensch muss ich mich neben einer Sonnenschutzcreme mit hohem Lichtschutzfaktor auch von innen her schützen und habe mit bestimmter Rohkost gute Erfolge bemerkt.

Lichtschutz auf den Teller – Lebensmittel gegen den Sonnenbrand

Lasst die Sonne rein! So wichtig die Sonne für Körper und Wohlbefinden ist, so hat sie auch ihre Tücken. Trotz ihrer Notwendigkeit für die lebenswichtige Produktion von Vitamin D in unserer Haut ist ein ungesundes Übermaß oder ungeschütztes Sonnentanken gefährlich. Hier den goldenen Mittelweg zu finden ist die Herausforderung. Neben dem herkömmlichen Sonnenschutz (Sonnencreme, Sonnenöl etc.) – hier gilt es, ausschließlich biologische Produkte ohne Chemie zu benutzen – kann man auch mit Lebensmitteln seine Haut gegen die Sonne stärken. Sich nur in dunkle Räume zurückzuziehen wäre höchst kontraproduktiv, da die Sonne neben der Vitamin-D-Produktion auch das Immunsystem stärkt.

Hier die Top-Lebensmittel für den Sonnenschutz von innen:

- Tomaten: Ein natürliches Schutzschild von innen kann man sich mit den vor allem in Tomaten enthaltenen Mikronährstoffen Vitamin E, Vitamin C, Carotinoiden und bestimmten Fettsäuren aufbauen. Diese Stoffe findet man in beinahe allen roten, orangen und dunkelgrünen Gemüsesorten. Insbesondere der sekundäre Pflanzenstoff Lycopin erhöht den natürlichen Hautschutz. Lycopin findet man auch in den Früchten, vor allem in der Wassermelone oder der roten Grapefruit.

- Zitrusfrüchte: Exotische Zitrusfrüchte wie Orangen, Zitronen, Limetten oder Grapefruits sind bekanntlich reich an Vitamin C – ein Vitamin, das vor der Sonne schützt. Neben den Zitrusfrüchten besitzen auch Weißkraut, Paprika, Kiwi und Schwarze Johannisbeeren einen hohen Gehalt an schützendem Vitamin C.
- Möhren: Sie enthalten den Schutzstoff Betacarotin. Er wird unter der Haut gespeichert und neutralisiert schädliche Substanzen, die durch das UV-Licht produziert werden. Betacarotin findet man auch in Aprikosen, Spinat, Brokkoli, Mangos und Nektarinen.
- Pflanzenöle: Eine hohe antioxidative Wirkung hat Vitamin E, welches in unterschiedlichen Arten von Pflanzenölen enthalten ist. Sonnenblumenöl oder Olivenöl haben einen besonders hohen Anteil an Vitamin E.
- Notfallelement Zink: Wenn man schon einen leichten Sonnenbrand hat, kann man mit dem Spurenelement Zink etwas Linderung schaffen. Durch den Verzehr von zinkhaltigen Lebensmitteln kann einer Entzündung vorgebeugt werden. Zink findet sich in Sojabohnen, Vollkornprodukten, Haferflocken, Nüssen, Samen und auch Mais.

Ich möchte an dieser Stelle nochmals anmerken, dass der Verzehr der eben aufgezählten Lebensmittel kein Freibrief für sinnloses Braten in der Sonne ist! Seien Sie achtsam im Umgang mit der durchaus aggressiven Sonnenstrahlung – aus Liebe zu Ihrer Haut und Ihrer Gesundheit! Ich bevorzuge hier eher die noble Blässe als sonnengegerbte Haut, die im Alter dann gern ein bisschen an ein Ledertäschchen erinnert.

Der Kampf am Urlaubsbüfett vs. der Kampf gegen die Urlaubskilos

Ich kann definitiv ein Lied davon singen. Da bin ich gut vorbereitet, der Bauch ist flach, meine innere Sonnenstrahlenabwehr aktiviert – und dann gerät ein Wahnsinnsbüfett in mein Blickfeld. Eine Auswahl wie selten gesehen und schon rein optisch ein Leckerbissen, verführt es zum Verwerfen aller Urlaubsvorsätze. Da hilft auch mein geballtes Gesundheitswissen nicht, wenn ich vor dem üppig gefüllten Tisch stehe und mir das Wasser im Munde zusammenläuft …

Urlaubszeit ist Hüftgoldzeit – man gönnt sich ja sonst nichts und muss sich schließlich für die harte Arbeit den Rest des Jahres kulinarisch verwöhnen und belohnen. Reichliches Zugreifen am Frühstücksbüfett, gemütlicher Cappuccino am Vormittag, mittags ein leichter Salat und zum Dessert ein wunderbar cremiger Eisbecher, nachmittags ein verführerisch riechendes Sandwich, und abends … ja, abends wird gevöllt, weil es halt auch so gut schmeckt, und lange gemütlich zusammensitzen ist auch was Schönes … insbesondere wenn man die Dessertvariation gemeinsam genießen kann. Nach spätestens drei Tagen kann der Bikini schon mal etwas enger wirken (leider kommt das nicht vom Salzwasser), und das weite, wallende Kleid wird zum Lieblingskleidungsstück … wenn man doch aufhören könnte, aber schließlich hat man dafür bezahlt.

Das muss nicht sein! Mit ein paar einfachen Tricks kann man der Urlaubskilofalle aus dem Weg gehen und neben einer wunderschönen Bräune auch einen flachen Bauch mit nach Hause nehmen.

Im Grunde wäre der Urlaub die ideale Zeit, sich und seinem Körper Gutes zu tun. Etwas Bewegung, Entspannung und viel erfrischendes Obst und Gemüse. Meist urlaubt man in Gebieten, wo köstliches Obst und Gemüse angebaut werden, und nirgends schmeckt es so gut wie dort, wo es frisch geerntet wird. Natürlich soll man sich den wohlverdienten Urlaub nicht mit Kalorienzählen verderben, sondern es sich richtig gutgehen lassen. Ein plausibler Gedanke, aber man kann auch ohne spätere Reue genießen, indem man auf ein paar Dinge achtet. Hier die ROHGENUSS-Tipps für den kulinarisch gesunden Urlaub:

- All-inclusive-Urlaube verleiten zum übermäßigen Essen. Das Büfett ist randvoll gefüllt, und man isst letztendlich von allem etwas, und das ist leider viel zu viel. Hier kann man sich selbst überlisten, indem man sich für nur ein Gericht entscheidet und die weiteren an den anderen Tagen ausprobiert. So entkommt man der »Gefahr«, mit kleinen »Häppchen« insgesamt zwei bis drei Hauptgerichte zu vertilgen. Weil: Je größer die Auswahl, desto größer das Essvolumen. Mein persönlicher Tipp heißt: Finger weg von All-inclusive-Urlauben … und ich buche auch gerne ohne Frühstück. So isst man viel bedachter und lässt vielleicht die eine oder andere Mahlzeit aus, weil man im Grunde eh keinen Hunger hat bzw. nicht das Essen im Tagesmittelpunkt steht.

• Wenn es dann doch die Büfettvariante geworden ist, empfehlen sich folgende Tipps:

1. Es muss nicht der cremige Cocktail schon am Nachmittag sein. Die Freude darauf kann man sich bis zum Abend ausdehnen. Und so ein Cocktail mundet doch bei Sonnenuntergang viel mehr.

2. Das Frühstück lieber mit einem Müsli mit Obst und im Idealfall Leinsamen o. Ä. beginnen und das Weißbrot und die Croissants links liegen lassen.

3. Auch mittags Finger weg von Appetithäppchen wie eingelegtem Gemüse oder dem Brotkorb. Das nimmt den Appetit auf die leckere Hauptspeise und füllt zusätzlich den Magen.

4. Vor dem Hauptgang eine große Schüssel Salat (selbst angemacht) stillt den größten Gusto und reduziert Heißhungerattacken.

5. Wenn man nicht auf das Dessert verzichten möchte, lässt man die Hauptspeise weg und gönnt sich eine große Vorspeise mit vielen frischen Komponenten.

6. Wenn man sich an den einen oder anderen dieser Tipps hält, steigt garantiert das Wohlbefinden und man fühlt sich fit und vital – der Idealzustand für den Urlaub!

7. Nur auf der Liege zu liegen ist neben langweilig auch nicht sonderlich gesundheitsfördernd, weil Wohlbefinden auch Bewegung mag. Ein langer Spaziergang am Strand, Wassergymnastik im Pool oder ein schneller Abstecher ins hoteleigene Fitnesscenter benötigen nicht viel Zeit, und der Körper wird es Ihnen danken. Zudem macht Sport mit der Familie und Freunden doppelt Spaß.

Ich bin kein großer Freund von überteuerten Superfoods, die von irgendwo herkommen. In unseren Gefilden wachsen genügend Superfoods, die genauso gesund und dabei wesentlich günstiger sind.

Heimische Superfoods – es muss nicht immer exotisch sein

Superfoods sind vom aktuell gedeckten Tisch nicht mehr wegzudenken. Ob Chiasamen, Kakaonibs, Moringa, Maca, Weizengras oder Acaibeere … eines haben alle Superfoods gemeinsam: Sie kommen in der Regel von weit her und sind nur selten regional. Hier stellt sich die Frage, ob wir denn im mitteleuropäischen Raum nicht auch heimische Lebensmittel haben, die an Inhaltsstoffen, Nährwerten und Wirkungen den weitgereisten Superfoods ähnlich sind, und das im Idealfall für etwas weniger Geld? Die Antwort ist einfach und kurz … Ja! – Die Natur schenkt uns alles, was wir brauchen, da, wo wir leben – teils sogar vor der Haustüre und völlig umsonst. Zum Beispiel:

- Brennnessel: Die inneren Werte der Brennnessel sind enorm. Mit ihrem Gehalt an hochwertigem Protein (doppelt so viel wie Spinat), viel Vitamin C (das Sechsfache von Orangen), Betacarotin für einen strahlenden Teint, Kalium, Kalzium, Magnesium und Natrium beweist die Brennnessel eindeutig ihre Zugehörigkeit zur Gruppe der Superfoods.
  In der Küche ist sie für Smoothies, grüne Säfte, Pestos, Suppen und als Spinatersatz verwendbar.

- Löwenzahn: Ein wahres Feuerwerk an gesunden Inhaltsstoffen liefert der sonnige Löwenzahn. Die Vitaminpalette reicht von A, C, D und E bis hin zu den B-Vitaminen. Kalium, Eisen, Magnesium, Phosphor, Schwefel, Natrium, Silizium und Bitterstoffe runden den perfekten Auftritt ab. Tipp: Je jünger das Pflänzchen, desto weniger bitter und milder ist der Löwenzahn im Geschmack.
  In der Küche hat der Löwenzahn in Salaten und Smoothies seinen idealen Platz.

- Leinsamen: Eine Nährstoffbombe ohnegleichen ist die kleine Ölsaat. Leinsamen unterstützen die Verdauung, stärken die Abwehr und haben eine blutzuckerstabilisierende Wirkung. Omega-3-Fettsäuren, Vitamin B_6, Folsäure, Magnesium, Phospohor, Mangan und Kupfer runden die Superfood-Wirkung ab.

Küchen-Tipp: Die erwähnten Wirkungen kommen nur bei geschrotetem Leinsamen zur Geltung … aus dem ganzen Samen kann der Darm die Nährstoffe nicht herausfiltern!

- Beeren: Sie gelten als antioxidative Kraftwerke, sind wahre Jungbrunnen und halten Zellschäden gering. Neben einer entzündungshemmenden Wirkung ist ihr hoher Gehalt an Vitamin C ein Wundermittel für die Haut. Große Mengen an Kalium, Mangan, Kupfer, Eisen und Zink rechtfertigen ihren Einzug in die Riege der Superfoods. Tipp: Beeren sollten immer roh genossen werden!

- Brokkoli: Wie ein Krebskiller können Brokkoli und dessen Sprossen wirken. Der sekundäre Pflanzenstoff Sulforaphan hat eine enorme antioxidative Wirkung und hilft bei der Krebsbekämpfung. Zudem ist der leicht verdauliche Brokkoli reich an Proteinen und hat wenig Kohlenhydrate.

Küchen-Tipp: Brokkoli ist roh wie auch gekocht genießbar. Als Salat und schonend gedünstet darf er ruhig jeden Tag am Speiseplan stehen.

- Kräuter: Auch im heimischen Kräutergarten finden sich die einen oder anderen Superfoods wieder. Thymian, Oregano und Rosmarin verleihen nicht nur Gerichten eine besondere und schmackhafte Note, sie beeinflussen auch unsere Gehirnfunktion. Gewürze und Kräuter verbessern das Kurzzeitgedächtnis, erhöhen die Konzentration und steigern die Wahrnehmung. Sie schützen vor verschiedenen neurologischen Krankheiten und fördern die allgemeine Gehirnleistung.

In der Küche sind Kräuter vielfältig anwendbar: Ob in Salaten, Suppen, Eintöpfen oder vielen anderen Gerichten … Kräuter passen immer.

Fazit: Die Superstars unter den Lebensmitteln müssen nicht immer eine weite Reise hinter sich haben und vor allem nicht viel kosten. Auch hierzulande geben Wald und Wiese viel her und dazu völlig umsonst. Aber wenn man sich doch im Supermarkt seines Vertrauens versorgen muss, dann bitte Bio.

Rohkost und bio – die perfekte Symbiose

Wenn man durch die Supermarktregale schlendert, mag es auf den ersten Blick so aussehen, als wären die vitalstoffreicheren Rohkost-Bioprodukte teurer als konventionelle Rohkostware. Auf den zweiten Blick ist aber klar erkennbar, dass dies nicht der Fall ist. Falsche und billige Ernährung kann Folgen haben: Pestizide belasten konventionelle Ware so stark, dass die Auswirkungen auf die Gesundheit beträchtlich sein können. Sein Geld für billige Produkte auszugeben kann einen im Nachhinein teuer zu stehen kommen. Qualitativ minderwertige Nahrung schädigt die Gesundheit, senkt die Leistungsfähigkeit und stört das allgemeine Wohlbefinden. Leider wird jedoch gerade beim Essen noch immer gerne am falschen Ende gespart.

Durch den großen Bioboom der letzten Jahre (jeder Discounter bietet heute Ware in Bioqualität an) sind Biolebensmittel im Allgemeinen günstiger geworden, und dieser Trend hält an.
Obst und Gemüse sind beinahe überall in Bioqualität zu bekommen. Spätestens jetzt sind ein Umdenken und auch ein Andershandeln selbst für die schmale Geldbörse möglich. Denn wenn die Nachfrage steigt, wird das Angebot entsprechend angepasst.

Geld sparen und trotzdem die Qualität steigern klappt insbesondere, indem man wieder seinen kulinarischen Hausverstand einsetzt und Dinge selber herstellt. Leckere Rohkostriegel sind hausgemacht gleich doppelt so gut und um einiges günstiger als die Riegel im Super- bzw. Biomarkt. Das Gleiche gilt natürlich auch für Pflanzenmilch oder ein knuspriges Rohkostmüsli. Und ein Minigarten am Fensterbrett macht nicht nur eine Riesenfreude, sondern man kann dadurch auch jederzeit auf selbstgezogene Biokräuter zurückgreifen, die nicht irgendwelchen Giften ausgesetzt waren.

Zusammengefasst sei gesagt, dass jeder in den Genuss von hochwertigen Biolebensmitteln kommen kann. Mit etwas Überlegen, Selbermachen und mit Rücksichtnahme auf die jeweilige Saison von Obst und Gemüse steht einem kulinarischen Bioabenteuer in Rohkostqualität nichts mehr im Weg!

Gemüse

DIE REZEPTE

MENÜSTARTER, *die auch solo fein schmecken. Von cremigen Suppen über kreative Gemüse- kompositionen bis zu würzigen Salaten – hier ist für jeden Geschmack etwas dabei. In Kürze zubereitet und wunderschön auf dem Teller präsentiert, wird selbst der größte Gemüseskeptiker überzeugt werden.*

Avocado-Carpaccio an scharfer Fenchelvinaigrette auf Salatbett

Ich liebe es, diese Art von Salat im Sommer zu Einladungen mitzunehmen und mit so wenigen Zutaten die Menschen zu begeistern. Mein Salat ist immer am schnellsten zusammengegessen – das ist mir Lob genug.

🕐 **15 MINUTEN**

1 Fenchel

3 Knoblauchzehen

1 rote Chilischote

3 EL Olivenöl

2 EL Apfelessig

50 ml kaltes Wasser

1 TL Senf

Kräutersalz und etwas Pfeffer aus der Mühle

1 TL Agavendicksaft

6 Avocados

1 Kopfsalat (oder jede andere Art von Blattsalat)

NUSSFREI

1 Den Fenchel waschen und mit einer Gemüsereibe grob raspeln. Die Knoblauchzehen schälen, die Chili waschen, entkernen und klein schneiden. Fenchel und durchgepressten Knoblauch mit Öl, Essig, Wasser, Senf, Agavendicksaft, Salz und Pfeffer gut vermischen und eventuell nochmals nachsalzen. Die Chilistücke nach dem Abschmecken dazurühren.

2 Die Avocados halbieren, entkernen und mit einem Löffel das Fruchtfleisch in einem Stück herauslösen. Die Avocadohälften in dünne Scheiben schneiden. Den Kopfsalat waschen und in kleine Stücke reißen. Auf einer großen Platte den Salat anrichten, die Avocadoscheiben dazugeben und alles mit der Chili-Fenchel-Vinaigrette begießen.

Rohgenuss-Tipp: Etwas weniger scharf als Chili ist scharfes Paprikapulver – und wenn Kinder mitessen, die Schärfe einfach ganz weglassen.

Rotkohl liebt Apfel

Eigentlich bin ich kein Fan der Kombination süß und sauer,
aber dieser Salat gehört zu meinen Highlights der Salatküche.
Durch den Apfel wird man wunderbar satt, und der Rotkohl verleiht
dem Salat eine feine Knackigkeit.

1 Den Rotkohl waschen und die äußeren Blätter bei Bedarf entfernen.
Die Äpfel ebenso waschen. Den Rotkohl halbieren und den Strunk
herausschneiden. Die Äpfel mit der Gemüsereibe fein reiben. Die
Schalotte schälen und klein würfeln, den Knoblauch schälen.

2 Rotkohl, Äpfel, Schalotte und durchgepressten Knoblauch mischen,
mit Leinöl, Apfelessig und Salz anmachen. Die Walnüsse grob hacken
und über den Salat geben. Zum Schluss den Rotkohl-liebt-Apfel-Salat
mit der Kresse garnieren.

🕐 **10 MINUTEN**

1 Rotkohl

4 süß-säuerliche Äpfel

1 Schalotte

2 Knoblauchzehen

3 EL Leinöl oder feines
Nussöl

2 EL Apfelessig

Salz

100 g Walnüsse

1 Tasse Kresse

BLITZSCHNELL

RAW FACTS

Die Schalotte eignet sich ganz besonders gut zum Rohgenuss.
Das milde Lauchgewächs kann sowohl im Salat als auch auf Brot
genossen werden. Weniger gut tut dem Zwiebelchen scharfes
Anbraten, denn dann werden Bitterstoffe freigesetzt und beeinflussen das Geschmackserlebnis negativ. Mitschmoren oder mitkochen funktioniert hingegen wunderbar. Schalotten verfeinern
vor allem Eintöpfe und Gemüseschmorgerichte.

Sellerie-Apfel-Cremesuppe

Sellerie ist mein Lieblingsentgiftungsgemüse und kommt mindestens
jeden zweiten Tag bei mir auf den Teller. Mit dieser Leidenschaft stehe ich
leider ziemlich alleine da – Söhnchen verweigert sich regelmäßig,
aber über Geschmack lässt sich bekanntlich nicht streiten.

🕐 **10 MINUTEN**

1 Knollensellerie

3 Äpfel

2 Knoblauchzehen

1 getrocknete Dattel

600 ml Wasser

1 TL Zitronensaft

½ TL gemahlener Kümmel

1 Msp. gemahlener Muskat

Salz und viel Pfeffer

RAW-TO-GO

1 Den Knollensellerie schälen und würfeln. Die Äpfel waschen, vierteln und entkernen. Den Knoblauch schälen, und die Dattel entkernen.

2 Sellerie, Äpfel, Dattel und Knoblauch mitsamt Wasser, Zitronensaft und Gewürzen in einem Standmixer pürieren und die Suppe ganz frisch servieren.

RAW FACTS

Knollensellerie hat sehr wenige Kalorien bei gleichzeitig hohem Gehalt an Vitaminen und Mineralstoffen. Insbesondere sein Gehalt an Kalium, Eisen und Kalzium macht ihn zu einem wertvollen Gemüse. Durch die Süße des Apfels wird der starke Eigengeschmack des Knollenselleries vermindert.

Pinker Waldorfsalat

Dieser Salat eignet sich ganz wunderbar zum Vorbereiten und Mitnehmen. In ein großes Marmeladenglas gefüllt und tags darauf in die Arbeit mitgenommen, ist der perfekte Lunch garantiert. Optisch ein Hingucker und geschmacklich top.

1 Den Sellerie abschälen und grob reiben. Äpfel und Birnen waschen und ebenso reiben. Die Rote Bete schälen und grob würfeln, die Knoblauchzehen schälen.

2 Wasser, Sonnenblumenkerne, Rote-Bete-Würfel, Zitronensaft, Olivenöl, Essig und Salz in einem Standmixer zu einer feinen Creme pürieren. Die Creme mit dem geriebenen Obst und Gemüse und dem durchgepressten Knoblauch gut vermischen und nochmals abschmecken.

3 Den Salat im Kühlschrank für eine Stunde ziehen lassen und danach gut durchrühren und erneut abschmecken. Die Petersilie waschen, mitsamt den Stengeln fein hacken und unter den Salat rühren. Zum Schluss mit den Walnüssen garnieren.

🕐 **15 MINUTEN**

1 Knollensellerie

2 Äpfel

2 Birnen

1 Rote Bete

3 Knoblauchzehen

200 ml Wasser

100 g Sonnenblumenkerne

Saft von 2 Zitronen

1 großzügiger Schuss Olivenöl

3 EL Apfelessig

Salz

1 Bund Petersilie

1 Handvoll Walnüsse

RAW-TO-GO

RAW FACTS

Rot wie die Liebe – Betain heißt der Farbstoff, der für die wunderschöne tiefrote Farbe der Roten Bete verantwortlich und zudem sehr gesund ist. Der Schutz von Gefäßen und Zellen ist Betains Aufgabe. Durch diese Wirkung gewann die blutbildende Heilpflanze schon früh an Bedeutung. Zudem ist die Rote Bete vollgepackt mit Eisen und Folsäure, die für die Bildung der roten Blutkörperchen entscheidend sind. Zu guter Letzt kann die Rote Bete krebsvorbeugend wirken, die sogenannte Rübentherapie wird präventiv gegen Blutkrankheiten und Darmkrebs eingesetzt.

Brokkoli-Avocado-Cremesuppe

Souping ist das neue Trendwort der Suppenküche.
Souping ersetzt Smoothies und kreiiert Suppenvarianten der gesunden Art.
Hochwertige Gewürze und biologisches Gemüse sind Grundvoraussetzungen und
zaubern auch in der rohen Küche fein Cremiges auf den Tisch. Ich habe diese Art
der Suppen in Lauf der Jahre schätzen und lieben gelernt und finde,
dass rohe Suppen eine der besten Mitnehmgerichte sind.

🕐 10 MINUTEN

1 Brokkoli
2 Avocados
1 kleine Möhre
½ Fenchel
2 Knoblauchzehen
700 ml lauwarmes Wasser
1 EL Olivenöl
Saft von 1 Zitrone
Salz und Pfeffer
etwas Schwarzkümmel

RAW-TO-GO

1 Den Brokkoli in Röschen teilen und den Strunk abschälen und würfeln. Die Röschen gut waschen und alles in den Standmixer geben. Die Avocados halbieren, entkernen und das Fruchtfleisch mit einem Löffel herauslösen. Die Möhre schälen, den Fenchel waschen und beides fein würfeln.

2 Die Knoblauchzehen schälen und mit dem Avocadofruchtfleisch, Möhrenwürfeln, Wasser, Olivenöl, Zitronensaft, Salz und Pfeffer zum Brokkoli in den Standmixer geben und zu einer feinen Suppe pürieren. Die Suppe gut abschmecken, dann die Fenchelwürfel unterrühren.

3 Die Suppe auf vier Gläser aufteilen und mit Schwarzkümmel bestreuen.

RAW FACTS

Brokkoli sollte unbedingt kühl und dunkel gelagert werden, weil er erstens schnell welk wird und zweitens nachträglich aufblühen kann. Wer die volle Nährstoffkraft auskosten möchte, sollte den Brokkoli innerhalb von drei Tagen verwerten.
Des Brokkolis natürliche Feinde sind Obst- und Gemüsesorten wie Äpfel, Bananen oder Tomaten. Durch diese verdirbt er besonders schnell.

3erlei rohköstliche Reibsalate

SÜßER ROTE-BETE-SALAT MIT MAULBEEREN

🕐 **15 MINUTEN**   NUSSFREI

1 große Rote Bete

3 süß-säuerliche Äpfel

2 getrocknete Datteln

1 Knoblauchzehe

2 EL Olivenöl oder Leinöl

1 EL Apfelessig

Saft von ½ Zitrone

Kräutersalz

1 Handvoll getrocknete
Maulbeeren oder Rosinen

① Die Rote Bete sehr gut waschen und ab-bürsten. Die Äpfel ebenso waschen. Rote Bete und Äpfel (beides mitsamt der Schale) mit einer Gemüsereibe grob reiben. Die Datteln entkernen und die Knoblauchzehe schälen.

② Für das Dressing Datteln, Knoblauch, Öl, Essig, Zitronensaft und Salz mit einem Stab- oder Standmixer mixen. Sollte das Dressing zu intensiv sein, etwas Wasser untermengen.

③ Die Gemüse-Obst-Mischung mit dem Dres-sing vermengen und gut 20 Minuten durchziehen lassen. Vor dem Servieren mit Maulbeeren oder Rosinen bestreuen.

SCHARFER ZUCCHINI-AVOCADO-SALAT

🕐 **15 MINUTEN**   NUSSFREI

2 Zucchini

2 sehr weiche Avocados

2 Knoblauchzehen

Saft von 1 Zitrone

2 EL Olivenöl

1 EL Apfelessig

20 ml kaltes Wasser

Salz und viel weißer Pfeffer
(ideal aus der Mühle)

① Die Zucchinis gut waschen und mit der Gemüsereibe grob reiben. Die Avocados halbie-ren, entkernen und mit einem Löffel das Frucht-fleisch herauslösen. Die Knoblauchzehen schälen.

② Das Avocadofruchtfleisch mit einer Gabel fein zerdrücken und mit Zitronensaft, durchgepresstem Knoblauch, Öl, Essig, Wasser, Salz und viel wei-ßem Pfeffer zu einer cremigen Sauce verrühren.

③ Das Avocadodressing mit den Zucchiniraspeln vermengen und im Kühlschrank 15 Minuten ziehen lassen.

Rohgenuss-Tipp: Anstelle von Zucchini passen auch Gurken perfekt in diesen Salat.

ZITRONIGER MÖHRENSALAT

🕐 **15 MINUTEN**

NUSSFREI

750 g Biomöhren

2 Biozitronen

2 Knoblauchzehen

3 EL kaltes Wasser

3 EL Öl

Kräutersalz

4 EL Gojibeeren

1 Die Möhren gut waschen und mit der Schale fein reiben. Die Schale von einer Zitrone abreiben und beide Zitronen auspressen. Den Knoblauch schälen.

2 Wasser, Öl, Zitronensaft und -schale, durchgepressten Knoblauch und Salz verquirlen und unter die Möhren mengen.

3 Den Salat für gut 20 Minuten ziehen lassen, dann nochmals mit Salz abschmecken. Kurz vor dem Servieren die Gojibeeren unterheben.

Grünes Süppchen von allerlei Blattgemüse

Dieses geniale Süppchen taugt für allerlei grünes Blattgemüse.
Ich mag an dieser Suppe, dass die Blätter beliebig gegen anderes Blattgemüse ausgewechselt werden können – somit gewährt man die Abwechslung und kann immer das verwenden, was gerade im Kühlschrank ist.

1 Das gesamte grüne Gemüse gut waschen und in grobe Stücke reißen. Den Fenchel waschen und würfeln, den Knoblauch schälen.

2 Die Blattgemüse mit Wasser, Knoblauch, Fenchel, Agavendicksaft und Salz in einem Standmixer zu einem cremigen Süppchen mixen und nochmals mit Salz abschmecken.

Rohgenuss-Tipp: Die grüne Intensität lässt sich durch Zugabe von (ca. ½) Gurke etwas mildern. Das grüne Süppchen schmeckt nach Sommer und ist voller Vitamine. Das enthaltene Chlorophyll schützt, nährt, vitalisiert und heilt. Go green!

🕐 10 MINUTEN

1 Kopfsalat

100 g Blattspinat

100 g Mangold

½ Fenchel

2 Knoblauchzehen

600 ml Wasser

1 TL Agavendicksaft

Kräutersalz oder etwas Suppenbrühe

LOW BUDGET

RAW FACTS

Die lieben Verwandten – Mangold ist mit Rübensorten wie der Roten Bete und der Zuckerrübe verwandt. Im Gegensatz zu diesen verzehrt man beim Mangold aber nicht die Wurzel, sondern nur die Blätter und den Stiel. Hier hat Mutter Natur wieder einmal ihre Kreativität bewiesen und den Mangold je nach Sorte mit unterschiedlichen Blattformen und -farben versehen: von runzelig bis glatt und von rot bis dunkelgrün.

Carpaccio von der Roten Bete mit marinierten Pilzen

*Mit diesem Carpaccio konnte ich schon
eingefleischte Fleischliebhaber überzeugen. Farblich ähnlich
dem Original und geschmacklich umwerfend.*

🕐 15 MINUTEN
(OHNE ZIEHZEIT)

2 Rote Bete

150 g braune Champignons
(optional weiße Champignons
oder Kräuterseitlinge)

2 Knoblauchzehen

2 EL Sojasoße

Saft von 1 Zitrone

1 TL Agavendicksaft

1 EL Apfelessig

2 EL Öl (sehr gut passt Leinöl)

Salz und Pfeffer

100 g Rucola

2 EL ungeröstete Kürbiskerne

NUSSFREI

1 Die Roten Beten schälen und in hauchdünne Scheiben hobeln oder schneiden. Die Pilze mit einer Bürste reinigen, ebenso in Scheiben schneiden und mit der Sojasoße marinieren. 20 Minuten ziehen lassen. Die Knoblauchzehen schälen.

2 Aus Zitronensaft, durchgepresstem Knoblauch, Agavendicksaft, Apfelessig, Öl, Salz und Pfeffer ein Dressing rühren.

3 Vier Teller mit den Rote-Bete-Scheiben belegen. Den gewaschenen Rucola darauf verteilen und mit den marinierten Pilzen garnieren. Das Dressing auf dem Carpaccio verteilen, alles nochmals mit Pfeffer aus der Mühle bestreuen und mit den Kürbiskernen garnieren.

Rohgenuss ganz privat: Die Idee zu den marinierten Pilzen wurde mir in Island geliefert. In dem phantastischen Restaurant *Glo'* bekommt man neben den besten Rohköstlichkeiten der Welt auch noch ein wunderschönes Ambiente geboten. Solla (die Inhaberin) wurde schon etliche Male zur besten Rohkostköchin der Welt gekürt – definitiv eine Reise wert!

Pak-Choi-Salat mit Zitronencreme

Mit Pak Choi kam ich im Zuge meiner Gastautorenschaft
bei einem Onlinemagazin das erste Mal in Berührung – es war Liebe auf
den ersten Blick. Knackig, frisch, gesund, fit, vital – all das schmeckten
meine Geschmacksknospen, und sie liebten es. Bis heute verpasse ich
mir zu jeder Pak-Choi-Saison den ultimativen Overkill.

1 Die Cashewkerne über Nacht einweichen und das Einweichwasser
wegschütten.

2 Pak Choi und Tomaten waschen. Die Orangen schälen und würfeln.
Die Pak Choi fein schneiden, die Tomaten vierteln, beides zu den
Orangenwürfeln geben. Die Knoblauchzehen schälen.

3 Die eingeweichten Cashews mit Zitronensaft, Knoblauch, Wasser,
Olivenöl, Salz und Pfeffer im Mixer zu einer feinen Salatcreme pürieren
und bei Bedarf noch etwas Flüssigkeit hinzufügen.

4 Das Gemüse-Obst-Gemisch vorsichtig mit der Zitronencreme
verrühren, mit Kresse garnieren und sofort servieren.

Rohgenuss-Tipp: Anstelle von Pak Choi kann auch Endiviensalat
verwendet werden. Das Bittere des Salates harmoniert sehr gut mit der
Zitrone … bei Bedarf kann man hier noch etwas Süße durch Agavendicksaft hinzufügen.

🕐 15 MINUTEN
(OHNE EINWEICHZEIT)

80 g Cashewkerne

8 Pak Choi

500 g Cocktailtomaten

2 Orangen

3 Knoblauchzehen

Saft von 1 Zitrone

100 ml Wasser

3 EL Olivenöl

Salz und etwas Pfeffer

Kresse zum Garnieren

RAW-TO-GO

Fruchtige Möhrencremesuppe

Rohkostsuppen und ich waren nicht von Anfang an die besten Freunde.
Zu tief saß die Gewohnheit der heißen Suppe, aber bekanntlich braucht gut Ding
Weile und wir gewöhnten uns aneinander. Ich musste viel herumkomponieren,
bis ich die perfekte Abstimmung gefunden habe – voilà, hier ist sie.

🕐 **10 MINUTEN**

450 g Möhren

1 Mango

2 Knoblauchzehen

600 ml Wasser

1 TL Currypulver

etwas Cayennepfeffer

Kräutersalz

40 g Cashewkerne (optional –
unterstützen die Cremigkeit)

3 Schalotten

1 TL getrockneter Rosmarin

BLITZSCHNELL

1 Die Möhren waschen und die Enden wegschneiden. Die Mango schälen und das Fruchtfleisch rund um den Kern herum abschneiden. Die Möhren in große Scheiben schneiden. Die Knoblauchzehen schälen.

2 Mango, Möhren, Knoblauch, Wasser, Currypulver, etwas Cayennepfeffer, Kräutersalz und eventuell die Nüsse im Standmixer zu einer cremigen Suppe pürieren.

3 Die Schalotten schälen und sehr klein hacken. Die Suppe mit Schalottenwürfeln und Rosmarin verrühren und nochmals abschmecken.

Rohgenuss-Tipp: Ich liebe die Suppe, wenn sie eiskalt ist, und lasse sie vor dem Servieren immer für eine Stunde im Kühlschrank ziehen. Es gibt zwar Standmixer, die erwärmen können und mittels Temperaturmesser genau auf die 42 Grad Celsius kommen, über die hinaus Obst und Gemüse denaturieren. Ich mag meine Suppe aber lieber entweder ganz kalt oder richtig heiß. Wer es dagegen lauwarm mag, kann zur Zubereitung sehr warmes Wasser anstelle von kaltem nehmen, und schon ist kein spezieller Mixer mehr erforderlich.

Bunter Feigensalat

Da die Feigensaison eine sehr kurze ist, kommt diesem Salat
ein besonderer Stellenwert in meiner Küche zu. Die Farben verlocken,
und der Geschmack ist himmlisch. Ich liebe es, ihn meinen Gästen zu servieren
und diese optisch zu beindrucken – geschmacklich natürlich auch …

1 Den Rucola waschen. Die Rote Bete schälen und in dünne Scheiben schneiden. Die Orangen schälen und würfeln. Die Birne waschen, vierteln, entkernen und würfeln. Ebenso die Feigen waschen und halbieren.

2 Den Knoblauch schälen und durchpressen und mit Öl, Essig, Zitronensaft, Agavendicksaft, Kümmel, Salz und Pfeffer verquirlen.

3 Auf einer großer Platte den Rucola anrichten und mit Orangen- und Birnenwürfeln sowie den Feigenhälften garnieren. Das Dressing über den Salat gießen und sofort servieren.

🕐 **15 MINUTEN**

200 g Rucola

1 Rote Bete

3 Orangen

1 Birne

8 frische Feigen

2 Knoblauchzehen

3 EL Oliven- oder Leinöl

2 EL Apfelessig

Saft von ½ Zitrone

2 TL Agavendicksaft

¼ TL gemahlener Kümmel

Salz und Pfeffer

NUSSFREI

RAW FACTS

Die Feige ist eine symbolträchtige Frucht: Sie steht für Wohlstand und Fruchtbarkeit. Die Römer widmeten die Feige dem Gott des Weines, Bacchus, und die Griechen dem Gott Dionysos – beide Symbole für Lebensfreude und Rausch. Aber auch mit Laszivität und Sinnlichkeit wird die aromatische Frucht assoziiert.

Cremiger Gurkensalat mit Dill

Lange habe ich an Alternativen für Salate mit Sahnesoße »gebastelt«.
Nüsse waren mir zu nussig und auch zu teuer. Aber mit den Sonnenblumenkernen
erreicht man eine perfekte Cremigkeit, und der Eigengeschmack der Ölsaaten
verschwindet durch die Zugabe von Knoblauch und Dill.

🕐 15 MINUTEN

2 Gurken

3 Knoblauchzehen

150 ml Wasser

100 g Sonnenblumenkerne

Saft von 2 Zitronen

1 großzügiger Schuss Olivenöl

3 EL Apfelessig

Salz und weißer Pfeffer

2 EL getrockneter oder 1 Bund
frischer Dill

evtl. Paprikawürfel zum
Garnieren

LOW BUDGET

1 Die Gurken waschen und in kleine Würfel schneiden.
Die Knoblauchzehen schälen.

2 Durchgepressten Knoblauch, Wasser, Sonnenblumenkerne,
Zitronensaft, Olivenöl, Essig und Salz in einem Standmixer zu einer
feinen Creme pürieren.

3 Die Creme mit Dill (die frische Variante vorher waschen und
klein hacken) und Gurkenwürfeln gut vermengen und nochmals
abschmecken. Zum Schluss eventuell mit Paprikawürfeln garnieren
und sogleich genießen.

RAW FACTS

Knoblauch hat eine antimikrobielle, antivirale und lipidsenkende
Wirkung – sprich, er ist ein natürliches Antibiotikum. Schwefelhaltige
Verbindungen im Knoblauch beugen zudem Thrombose vor, da sie
blutverdünnend wirken. Am bekanntesten ist die Anwendung von
Knoblauch gegen hohe Blutfettwerte und altersbedingte Gefäßver-
änderungen. Aber auch gegen Erkältungen findet der Knoblauch in
der arzneilichen Anwendung seinen gerechtfertigten Platz.

Weiße Suppe de luxe

Während meiner Studentenzeit blieb mir wenig Luxus,
aber ein minikleines Fläschen Trüffelöl fand sich stets in meinen
kulinarischen Gemächern – bis heute. Ein paar Tröpfchen finden
sich in vielen meiner alltäglichen Gerichte wieder.

1 Die Kohlrabi schälen und würfeln. Die Champignons mit einer Bürste reinigen und halbieren. Die Zucchini schälen und in Scheiben schneiden. Schalotte und Knoblauchzehe schälen, die Schalotte sehr fein würfeln. Die Dattel entkernen.

2 Kohlrabiwürfel, Champignons, Zucchini, durchgepressten Knoblauch, Wasser, Salz, Dattel und Pfeffer im Standmixer zu einer sämigen Suppe pürieren.

3 Die Suppe nach Belieben mit Trüffelöl verfeinern und die Schalottenwürfel unterrühren. Zum Abschluss das Luxussüppchen mit Sesam, Kräutern und/oder Gemüsewürfeln garnieren und rasch servieren.

🕐 **10 MINUTEN**

2 Kohlrabi

50 g weiße Champignons

1 Zucchini

1 Schalotte

2 Knoblauchzehen

1 getrocknete Dattel

600 ml Wasser

Salz oder Gemüsebrühe

schwarzer Pfeffer aus der Mühle

etwas Trüffelöl (optional)

Sesam, Kräuter und/oder Gemüsewürfel zum Garnieren

NUSSFREI

RAW FACTS

Ein beachtlicher Gehalt an den Vitaminen C, A und K zeichnet den Kohlrabi als Gesundmacher aus. Die ebenfalls enthaltenen Senföle unterstützen zudem die Abwehrkräfte und wirken günstig auf Magen und Darm und den gesamten Körper. Im Gegensatz zu den anderen Kohlgemüsesorten ist Kohlrabi leicht verdaulich und äußerst bekömmlich.
Was die wenigsten wissen, ist, dass auch in den Blättern des Kohlrabi viele Vitamine und Mineralstoffe enthalten sind. Frisch gehackt wie Kräuter über den Salat gestreut, in Suppen oder zu Gemüse kann man das zarte Knöllchen zur Gänze verbrauchen.

Fenchel-Gurken-Salat mit rotem Sößchen

Jeder, und wirklich jeder Salat lässt sich mit einem feinen Sößchen upgraden. Egal, ob Guacamole, Pesto Rosso oder das vorliegende Sößchen – Salate bekommen einen Mehrwert, wenn man sie damit toppt.

🕐 **15 MINUTEN**

2 Gurken

2 Fenchel

100 g Babyspinat

3 Knoblauchzehen

1 kleine Rote Bete

4 EL Sonnenblumenkerne (plus ein paar Kerne extra zum Garnieren)

Saft von 1 Zitrone

100 ml Wasser

2 EL Olivenöl

2 EL Apfelessig

1 Msp. gemahlener Muskat

Salz und Pfeffer

NUSSFREI

1 Gurken und Fenchel waschen und auf der groben Seite der Gemüsereibe raspeln. Die Gurken-Fenchel-Raspel mit dem gewaschenen Babyspinat mischen. Die Knoblauchzehen schälen.

2 Für die rote Sauce die Rote Bete abschälen und würfeln, dann im Standmixer zusammen mit Sonnenblumenkernen, Zitronensaft, Wasser, Olivenöl, Apfelessig, Muskat, Salz, Pfeffer und Knoblauch zu einem cremigen Sößchen pürieren und über den Salat geben. Mit ein paar Sonnenblumenkernen garnieren.

RAW FACTS

Der Fenchel ist eine der ältesten bekannten Heilpflanzen. Sein Ursprung liegt im Mittelmeerraum und in Vorderasien, und er kam durch die Klosterkultur als Heilpflanze ungefähr im 9. Jahrhundert nach Mitteleuropa. Als Gemüsepflanze nutzte man den Fenchel aber erst ab dem 17. Jahrhundert.

Fruchtige Rote-Bete-Fenchel-Cremesuppe

Diese Suppe nenne ich gerne meine Superentgiftungssuppe.
Die ätherischen Öle des Fenchels und die grandiose Wirksamkeit der Roten Bete
reinigen von innen und geben mir das Gefühl von Fitness und Vitalität.

1 Die Rote Bete schälen und grob würfeln. Die Äpfel waschen, vierteln und entkernen. Den Fenchel waschen und den Strunk entfernen. Ingwer und Knoblauchzehen schälen.

2 Das gesamte Obst und Gemüse, Ingwer und Knoblauch zusammen mit Wasser, Kurkuma, Salz und Pfeffer im Standmixer zu einer sämigen Suppe pürieren.

Rohgenuss-Tipp: Ich mag Pesto auf meiner Suppe. Zumal die Farbe Grün des Pestos wunderbar zum Rot der Roten Bete passt. Zur Verwandtschaft der Roten Bete zählt man übrigens auch Zuckerrübe, Mangold und Spinat. Das typische Wintergemüse hat nun auch in der Gourmetküche seinen Platz gefunden und ist rohköstlich ein Genuss.

🕐 10 MINUTEN

1 große Rote Bete

2 süß-säuerliche Äpfel

1 Fenchel

1 cm Ingwer

2 Knoblauchzehen

600 ml Wasser

½ TL Kurkuma

Salz und Pfeffer

NUSSFREI

RAW FACTS

Der Geschmack der Roten Bete ist etwas herb mit einem dezent erdigen Aroma im Abgang. Etwas süßlicher sind die gelben oder weißen Bete-Sorten. Die Rüben erhält man auch eingelegt oder schon gekocht und vakuumiert im Supermarkt. Viel geschmackvoller und natürlich auch gesünder ist aber die frische Verwendung in rohköstlicher Form. In frisch gepressten Säften, als Teil eines Smoothies, als Salat oder in einer köstlichen Rohkostsuppe kann die Rote Bete ihren vollen Geschmack entfalten. Ihre wunderbare Farbe unterstützt den Aspekt, dass das Auge gerne mitisst.

Fenchel-Waldorfsalat

Wenn mir klassische Salatkreationen zu langweilig werden,
gebe ich Zutaten dazu, welche auf Anhieb vielleicht nicht als passend erscheinen
würden, so wie hier der Fenchel. Aber die feine Aromanote des Fenchels passt so gut
zur herben Sellerieknolle, dass ich euch das Rezept nicht vorenthalten wollte.

🕐 **15 MINUTEN**

1 Knollensellerie
2 Äpfel
1 Fenchel
1 Birne 1 rote Zwiebel
3 Knoblauchzehen
200 ml Wasser
100 g Sonnenblumenkerne
Saft von 2 Zitronen
1 großzügiger Schuss Olivenöl
3 EL Apfelessig
Salz
1 Handvoll Walnüsse

RAW-TO-GO

① Den Sellerie abschälen und grob reiben. Äpfel, Fenchel und Birne waschen und ebenso reiben. Die Zwiebel schälen und sehr fein würfeln, die Knoblauchzehen schälen.

② Durchgepressten Knoblauch, Wasser, Sonnenblumenkerne, Zitronensaft, Olivenöl, Essig und Salz in einem Standmixer zu einer feinen Creme pürieren. Die Creme mit dem gesamten geriebenen Obst und Gemüse und der gewürfelten Zwiebel gut vermischen und nochmals abschmecken.

③ Den Salat im Kühlschrank für eine Stunde ziehen lassen und danach gut durchrühren und erneut abschmecken. Zum Schluss mit den Walnüssen garnieren.

RAW FACTS

Schon in grauer Vorzeit war der günstige Einfluss von Fenchel auf die Gesundheit bekannt. Die alten Römer wie auch die alten Ägypter wussten um die positive Wirkung von Fenchel auf den Verdauungsapparat. Hildegard von Bingen dagegen verwendete ihn für die Behandlung von Depressionen. Stillenden Frauen wird Fencheltee zur Anregung und Förderung der Milchproduktion empfohlen. Fenchel ist reich an Kalzium, Magnesium, Kalium und Vitamin C.

Nach einem gelungenen Start folgt der **HAUPTGANG.** Gerade in der Rohkostküche die große Überraschung. Mit raffinierten Tricks und simpler Anwendung zaubert die rohe Küche Falafel, RAWvioli und leckere Tartes auf den Tisch – und das Ganze mit der vollen Power der Natur, der ganzen Vitaminvielfalt und garantiertem Genuss.

Falafel auf orientalischen Tomaten

FÜR DIE TOMATEN
🕐 **10 MINUTEN**

10 Tomaten

1 Bund Petersilie

1 rote Zwiebel

½ TL gemahlener Kreuzkümmel

½ TL Currypulver

1 Schuss Olivenöl

Saft von 1 Zitrone

Salz und Pfeffer

etwas schwarzer Sesam

RAW-FOR-FAMILY

1 Die Tomaten waschen, halbieren und in Scheiben schneiden. Die Petersilie waschen und mitsamt den Stengeln hacken. Die Zwiebel schälen und in feine Ringe schneiden.

2 Alles zusammen mit Kreuzkümmel, Currypulver, Olivenöl und Zitronensaft mischen und mit Salz und Pfeffer abschmecken. Vor dem Servieren etwas schwarzen Sesam unterrühren.

FÜR DIE FALAFEL:
🕐 **15 MINUTEN**

4 getrocknete Tomaten

2 Knoblauchzehen

200 g gemahlene Haselnüsse

1 EL Kokosöl

¼ TL gemahlener Kreuzkümmel

1 TL Zitronensaft

1 TL Sesam (plus ausreichend Sesam zum Wälzen der Falafel)

1 EL Wasser

Salz

RAW-TO-GO

1 Die getrockneten Tomaten sehr fein hacken, die Knoblauchzehen schälen.

2 Haselnüsse, Tomaten, Kokosöl, durchgepressten Knoblauch, Kreuzkümmel, Zitronensaft, Sesam, Salz und Wasser gut verkneten. Mit feuchten Händen kleine Knödel formen und in Sesam »panieren«.

3 Die Falafel im Kühlschrank für 20 Minuten härten und ziehen lassen und zu den orientalischen Tomaten servieren.

Lasagne mit Cashew-Béchamel

Die Lasagne zählt zu den Rennern der rohen Küche.
Zahlreiche Variationen durfte ich schon probieren, diese ist mein Favorit:

1 Die Cashewkerne über Nacht einweichen und das Einweichwasser wegschütten.

2 Die Zucchini waschen, in dünne Streifen schneiden und etwas salzen. Die Knoblauchzehen schälen, die frischen Tomaten waschen. Frische und getrocknete Tomaten klein schneiden. Den Babyspinat waschen.

3 Während die Zucchini ziehen und dadurch an Härte verlieren, getrocknete Tomaten und frische Tomaten, die Hälfte des Knoblauchs und etwas Salz zu einer Tomatensoße pürieren.

4 Die Möhre waschen und den Knollensellerie schälen – beides sehr klein würfeln und unter die Tomatensoße mischen.

5 Für die Béchamel die eingeweichten Cashewkerne mit Wasser, Zitronensaft und dem restlichen Knoblauch im Standmixer cremig pürieren.

6 Nun geht es an das Schichten der Lasagne in einer kleinen Auflaufform: Mit der Hälfte der Zucchinischeiben beginnen, dann etwas gewaschenen Babyspinat daraufgeben, dann die Hälfte der Tomatensoße und obendrauf etwas Béchamel; dann das Ganze noch mal, bis alles aufgebraucht ist.

7 Zum Schluss die Petersilie waschen, mitsamt den Stengeln klein hacken und über die Lasagne streuen.

🕐 **15–20 MINUTEN
(OHNE EINWEICHZEIT)**

200 g Cashewkerne

3 Zucchini

Salz

6 Knoblauchzehen

8 frische Tomaten

15 getrocknete Tomaten

100 g Babyspinat

1 Möhre

1 kleiner Knollensellerie

150 ml Wasser

Saft von 1 Zitrone

Petersilie zum Garnieren

RAW-FOR-FAMILY

Gemüsecurry

Dieses Curry hat etwas vom Charakter der Resteküche.
Als Riesenanhängerin der Zero-Waste-Bewegung mag ich an diesem
Gericht ganz besonders, dass alles an Gemüse verwendet werden kann,
welches sich gerade vorrätig im Kühlschrank befindet. Die Sauce erledigt dann
den Rest und macht aus der Fülle des Gemüses ein köstliches Gericht,
das auch zum Mitnehmen geeignet ist.

🕐 **15 MINUTEN**

1 Brokkoli

1 gelber Paprika

1 roter Paprika

2 Möhren

1 Zucchini

15 cm Lauch

1 Kohlrabi

6 große getrocknete Datteln

4 frische Tomaten

3 Knoblauchzehen

1 kleines Stück Ingwer

8 getrocknete Tomaten

1 TL Currypulver

Salz und etwas Cayennepfeffer

½ TL Kreuzkümmel im Ganzen

RAW-TO-GO

1 Den Brokkoli waschen und die Röschen abtrennen. Den Brokkolistrunk schälen und klein würfeln. Gelbe und rote Paprika waschen, entkernen und würfeln. Möhren, Zucchini und den Lauch waschen, den Kohlrabi schälen. Das gesamte Gemüse in kleine Würfel schneiden. Die Datteln entkernen, die frischen Tomaten waschen. Knoblauch und Ingwer schälen.

2 Für die Soße Datteln, frische und getrocknete Tomaten, Knoblauch und Ingwer zusammen mit Currypulver, Salz und etwas Cayennepfeffer in einem Standmixer fein pürieren.

3 Die Soße mit dem Gemüse vermischen und den Kreuzkümmel unterrühren.

4 Das Curry muss nun für zwei Stunden gut durchziehen (klappt auch gut über Nacht). Um die Cremigkeit des Gerichtes zu unterstreichen, kann man Avocadoscheiben dazu servieren.

RAW FACTS

Sowohl die Röschen als auch der Strunk (das Herz) des Brokkolis sind essbar und harmonieren perfekt mit Muskatnuss, Mandel und Pinienkernen.

Buntes Jausenbrot

Wenn meine Freudinnen an die Tür klopfen und wir einen der legendären
Mädlsabende starten, dürfen diese Brötchen (wie auch die Gurkenröllchen)
nie am Tisch fehlen – ohne Reue und Verzicht schlemmen ist das Beste
für meine figurbewussten Freundinnen. Und aus den Resten mixe
ich mir am nächsten Tag eine würzige Gazpacho.

1 Die Gurken gut waschen, die Enden abschneiden und halbieren.
Mit einem großen Messer die Gurkenhälften der Länge nach in circa
½ cm dicke Streifen schneiden. Die frischen Tomaten waschen und
klein schneiden. Die Datteln entkernen und den Knoblauch schälen.

2 Frische und getrocknete Tomaten mit Datteln, Knoblauch und
Kräutersalz im Standmixer zu einem cremigen »Brot«-Belag pürieren.

3 Den Oregano unter die Creme mischen und nochmals mit Salz
abschmecken. Den Aufstrich auf den Gurken verteilen und mit Gemüse
nach Wahl garnieren.

🕐 **15 MINUTEN**

2 Gurken

2 frische Tomaten

2 getrocknete Datteln

3 Knoblauchzehen

10 getrocknete Tomaten

Kräutersalz

½ TL getrocknetes Oregano

allerlei Gemüse zum Garnieren
(Oliven, Kresse, Möhre …)

LOW BUDGET

RAW FACTS

Interessant ist die Tatsache, dass über 80 Prozent der gesamten
Tomatenernte industriell zu Ketchup, Tomatenmark, Tomatenpulver
oder Tomaten aus der Dose verarbeitet werden, dabei ist die rohe
Tomate ein absoluter Genuss.

Pestonudeln

Nudeln gehen immer. Ich liebe an Rohkostnudeln,
dass sie schneller fertig sind als herkömmliche Getreidenudeln.
In unserer Küche gibt es regelrechte Wettrennen, wer sein Essen schneller
auf dem Teller hat – Fakt ist, ich hab schon gemütlich gegessen,
wenn der Rest zu Tische kommt.

🕐 **10 MINUTEN**

80 g Cashewkerne

4 Zucchini

1 Bund Petersilie

1 Bund Basilikum

3 Knoblauchzehen

2 EL Olivenöl

Saft von ½ Zitrone

Kräutersalz und
Pfeffer aus der Mühle

Pinienkerne zum Garnieren

BLITZSCHNELL

❶ Die Cashewkerne über Nacht einweichen und das Einweichwasser wegschütten.

❷ Die Zucchini waschen und mit einem Spiralisierer zu Spaghetti verarbeiten. Petersilie und Basilikum waschen und die Blätter abzupfen. Die Knoblauchzehen schälen.

❸ In einem Mörser (oder mit einem Stabmixer) die Kräuter mit den Cashewkernen, Olivenöl, Zitronensaft, Knoblauch, Kräutersalz und Pfeffer zu einem feinem Pesto zerdrücken.

❹ Die Zucchininudeln mit dem Pesto vermengen und mit den Pinienkernen garnieren.

Rohgenuss-Tipp: Wenn man nicht stolzer Besitzer eines Spiralisierers ist, kann man mit einem Julienne-Schneider und ein wenig mehr Zeit genau dasselbe Ergebnis erreichen.

Spiralisiertes Gemüse ist bei Kindern immer der Renner und lädt zum Mitkochen ein. Als Botschafterin von Jamie Olivers FOOD REVOLUTION in Österreich darf ich mit vielen Kindern kochen und habe die Erfahrung gemacht, dass sich der Gemüseverzehr steigert, wenn das Kind in der Küche mithelfen darf. Also, liebe Mamis und Papis – rein mit den Kids in die Küche!

Pak Choi mit fruchtiger Möhren- und Lemongrasscreme

Mit Pak Choi kam ich erst im Zuge meines Bistros in Berührung.
Der milde Geschmack und das schöne Aussehen haben ihn schnell zu
einem meiner liebsten Blattgemüse gemacht.

1 Die Cashewkerne über Nacht in kaltem Wasser einweichen und anschließend das Einweichwasser wegschütten.

2 Die Pak Choi waschen und in einzelne Blätter aufteilen. Möhren und Apfel waschen und fein reiben. Die Knoblauchzehen schälen.

3 Möhren und Apfel mit Zitronensaft, Olivenöl, Salz und durchgepresstem Knoblauch anmachen und in die Pak-Choi-Schiffchen füllen.

4 Aus Cashewkernen, Lemongrass, Sojasoße, Öl und Wasser eine Creme mixen und über die Pak-Choi-Rohkost träufeln.

Rohgenuss-Tipp: Pak Choi ist nicht immer leicht zu finden, aber man kann auch alternativ auf Radicchio oder einen anderen Salat nach Wahl ausweichen.

🕐 **15 MINUTEN**

80 g Cashewkerne

6 Pak Choi

8 Möhren

1 Apfel

2 Knoblauchzehen

Saft von 1 Zitrone

2 EL Olivenöl

Salz

½ TL getrocknetes Lemongrass

1 TL Sojasoße

2 EL Öl

100 ml Wasser

LOW BUDGET

RAWvioli von der Roten Bete

Die RAWvioli sind ein Gericht, das mich seit Anbeginn meines
Rohkostlebens begleitet. An vielen Dingen habe ich mich überessen,
aber von dieser Leibspeise kann ich nie zu viel bekommen.
Knackige Rote Bete, cremige Pilze – alles fein gewürzt –
machen dieses Rezept zu einem ganz besonderen in der kalten Küche.

🕐 **15 MINUTEN**

4 kleine Rote Beten

200 g Cremechampignons
(oder ganz normale weiße)

3 Knoblauchzehen

50 g Walnusskerne

Salz

2 EL Olivenöl

1 TL getrockneter Majoran

1 Tasse Kresse zum Garnieren

LOW BUDGET

1 Die Roten Beten schälen und in hauchdünne Scheiben schneiden. Die Pilze mit einer Bürste reinigen und sehr klein würfeln. Den Knoblauch schälen, die Walnusskerne grob hacken.

2 Die Pilzwürfel mit durchgepresstem Knoblauch, Salz, Öl, getrocknetem Majoran und Walnusskernen vermischen und mindestens 30 Minuten ziehen lassen (die Pilze werden durch das Salz sehr weich).

3 Auf einer Platte die Rote-Bete-Scheiben verteilen und mit der Pilz-Nuss-Masse belegen. Jeweils mit einer Rote-Bete-Scheibe bedecken und mit Kresse garnieren.

Rohgenuss-Tipp: Anstelle der Roten Bete können auch Zucchini-, Gurken- oder Selleriescheiben verwendet werden.

Ungarische Pilze

Pilze roh essen? Kein Problem: Zuchtpilze wie Champignons, aber auch Shiitake, Austernpilze oder Kräuterseitlinge sind für den rohen Verzehr geeignet. Sie müssen vorher natürlich sehr gründlich geputzt werden.

1 Die Pilze mit einer Bürste reinigen und sehr klein würfeln. Die Knoblauchzehen schälen. Die Paprika waschen, entkernen und sehr klein schneiden.

2 Pilze, durchgepressten Knoblauch, Öl, Paprikapulver, Salz und Pfeffer miteinander vermischen und für eine Stunde im Kühlschrank ziehen lassen.

3 Nach der Ziehzeit fein gehackte Salbeiblätter unter die Pilzmischung mengen und nochmals mit Salz und Pfeffer abschmecken. Auf gewaschenen Salatblättern anrichten und mit Sesam garnieren.

Rohgenuss-Tipp: Für eine besondere Rauchnote verwende ich gerne etwas geräuchertes Paprikapulver. Für die oben angegebenen Mengen in etwa ½ Teelöffel.

🕐 15 MINUTEN (OHNE ZIEHZEIT)

500 g Champignons oder Kräuterseitlinge

3 Knoblauchzehen

1 rote Paprika

5 EL Öl

2 EL edelsüßes Paprikapulver

Salz und Pfeffer

3 Salbeiblätter

4 große Salatblätter

Sesam zum Bestreuen

LOW BUDGET

Spinat-Avocado-Tarte

Rohköstliche pikante Törtchen sind immer ein Highlight am Mittagstisch und werden auch von den größten Skeptikern gerne genossen.

🕐 **15–20 MINUTEN (OHNE ZIEHZEIT)**

4 Knoblauchzehen

5 getrocknete Tomaten

200 g Spinat

1 EL Kokosöl

etwas Salz

200 g gemahlene Mandeln

2 Avocados

6 EL Sonnenblumenkerne

½ TL gemahlener Muskat

Kräutersalz

Schalotten zum Garnieren

RAW-FOR-FAMILY

❶ Die Knoblauchzehen schälen, die Tomaten fein hacken, den Spinat waschen.

❷ Für den »Tortenboden« die Hälfte des Knoblauchs durchpressen und zusammen mit Tomaten, Kokosöl, etwas Salz und den gemahlenen Mandeln vermengen. Die Masse für 10 Minuten in den Kühlschrank stellen.

❸ Währenddessen die Avocados halbieren, entkernen und das Fruchtfleisch mit einem Löffel herauslösen. Avocados, Spinat, Sonnenblumenkerne, Muskat, restlichen Knoblauch und Kräutersalz in einem Standmixer oder mit einem Stabmixer zu einer feinen Creme pürieren.

❹ Die Mandelmasse auf vier Tellern zu einem dünnen Boden mit einem kleinen Rand formen (zur Unterstützung kann man auch einen Vorspeisenring verwenden) und die Creme darauf verteilen. Die Schalotten schälen und die kleinen Törtchen damit garnieren.

RAW FACTS

Es gibt über 400 verschiedene Avocado-Sorten, aber nur wenige davon sind im Handel zu erwerben. Darunter die grüne, glatt- und dünnhäutige Fuerte und die schwarze, warzige Gourmet-Sorte Hass. Die Früchte sollten außen sowie innen gleichmäßig gefärbt sein und auf Druck leicht nachgeben.

Chili sin carne mit Pinienkernen

Ich liebe dieses Chili über alles und schärfe es gerne
mit extra Chilischoten. Dazu esse ich meistens eine große,
heiße Kartoffel oder auch mal ein Stück Brot.

1 Die Tomaten waschen und sehr, sehr klein würfeln. Beide Paprika waschen und entkernen und ebenso in sehr kleine Würfel schneiden. Die Möhre waschen, schälen und sehr klein würfeln. Den Knoblauch schälen. Den Lauch waschen und in hauchdünne Scheiben schneiden.

2 Das gesamte Gemüse mit durchgepresstem Knoblauch, Pinienkernen, Paprikapulver, Olivenöl und Salz vermischen und vor dem Servieren gut 40 Minuten ziehen lassen.

Rohgenuss-Tipp: Dieses Highlight meiner Workshops eignet sich perfekt als Salat zu gegrilltem Tofu. Zu großen Grillfeiern nehme ich gerne eine riesige Schüssel mit diesem Chili mit – und bringe sie grundsätzlich komplett leer geputzt wieder mit nach Hause.

🕐 **15 MINUTEN**

8 Tomaten

1 gelbe Paprika

1 rote Paprika

1 Möhre

2 Knoblauchzehen

10 cm Lauch

50 g Pinienkerne oder Zedernnüsse

2 gehäufte TL Paprikapulver

3 EL Olivenöl

Salz

RAW-TO-GO

Avocado-Maki im Paprikamantel

*Eines meiner Lieblingsrezepte für meine heißbegehrten
Mädelsabende. Da praktisch mit Stäbchen zu essen
und gut vorzubereiten, immer ein Renner.*

🕐 **15 MINUTEN**

2 Knoblauchzehen

3 Avocados

1 gelbe Paprika

10 cm Lauch

1 Noriblatt

Saft von 1 Zitrone

1 TL Sojasoße

Salz

6 rote Spitzpaprika

RAW-FOR-FAMILY

❶ Die Knoblauchzehen schälen. Die Avocados halbieren, entkernen und das Fruchtfleisch mit einem Löffel herauslösen. Die gelbe Paprika waschen, entkernen und sehr fein würfeln. Den Lauch waschen und in sehr feine Scheiben schneiden. Das Noriblatt in kleine Stücke schneiden oder reißen.

❷ Das Fruchtfleisch der Avocado in einem Suppenteller mit einer Gabel fein zerdrücken und mit Zitronensaft, durchgepresstem Knoblauch, Sojasoße und etwas Salz würzen.

❸ Paprikawürfel, Noriblattstücke und Lauchscheibchen unter die Avocadocreme mischen.

❹ Die roten Spitzpaprika waschen, die Kappe sehr knapp abschneiden und die Paprika entkernen. Die Avocadocreme mit einem langen Löffel in die Spitzpaprikas einfüllen. Die gefüllten Paprikas in ca. 1 cm dicke Scheiben schneiden und frisch servieren.

Rohgenuss-Tipp: Für Tomatenpralinen das Noriblatt weglassen und die Creme in vorsichtig ausgehöhlte Cocktailtomaten füllen. Das Ergebnis ist hübsch anzusehen und perfekt für jede Party mit Fingerfood.

Rote-Bete-Tatar

Tatar aus Rindfleisch konnte ich mir noch nie vorstellen und hab es auch noch nie probiert. Das Tatar aus Roter Bete könnte ich hingegen beinahe täglich genießen. Die Cremigkeit durch die Avocado und die feine Würze des Senfs sind perfekt als Bestandteil jedes feierlichen Menüs und natürlich auch einfach nur so.

1 Die Roten Beten schälen und sehr fein reiben. Die Avocados halbieren, entkernen und mit dem Löffel das Fruchtfleisch herauslösen. Den Apfel waschen und ebenso fein reiben. Schalotte und Knoblauchzehen schälen und sehr fein hacken. Die Petersilie waschen und samt den Stengeln hacken.

2 Rote Bete, Apfel, Avocadohälften, Schalottenwürfel, Petersilie, Knoblauch, Kümmel, Senf, Salz und Pfeffer in eine Schüssel geben und alles mit den Händen gut durchkneten, bis ein sehr cremiger Salat entsteht.

3 Das Tatar in Vorspeisenringen anrichten und mit Avocado, Zwiebelringen und Kräutern garnieren.

Rohgenuss-Tipp: Ich bin kein Fan von vielen Geräten und Utensilien in der Küche. Demnach ist der Kauf eines Vorspeisenrings meines Erachtens nicht unbedingt nötig. Mit einem Joghurtbecher kann man sich einen solchen gut selber »basteln«. Einfach einen 150- bis 220-g-Joghurtbecher nehmen, den Boden abschneiden und fertig.

🕐 **15 MINUTEN**

3 Rote Bete

3 Avocados

1 Apfel

1 Schalotte

2 Knoblauchzehen

1 Bund Petersilie

½ TL gemahlener Kümmel

1 TL Senf

Salz und schwarzer Pfeffer aus der Mühle

Avocado, Zwiebelringe und Kräuter zum Garnieren

NUSSFREI

Gefüllte Tomaten

*Gemüse zu füllen ist immer eine gute Idee. Mit abwechselnden Inhalten
sind die Gerichte aus »Hülle und Fülle« perfekt zum Mitnehmen und lassen den
»Sandwichesser« neidig auf mein Essen blicken. Mein Lieblingsfüllgemüse
sind Minigurke mit Guacamole – zum Reinlegen!*

🕐 **15 MINUTEN**

8 große Tomaten

4 Avocados

1 Bund Koriander

3 Knoblauchzehen

Saft und Schale von
1 Biozitrone

Salz und weißer Pfeffer

NUSSFREI

1 Die Tomaten waschen, die Kappe abschneiden und das Gemüse vorsichtig aushöhlen. Die Avocados halbieren, entkernen und das Fruchtfleisch mit einem Löffel herauslösen. Den Koriander waschen und fein hacken. Die Knoblauchzehen schälen.

2 Das Avocadofruchtfleisch mit einer Gabel gut zerdrücken, mit durchgepresstem Knoblauch, Zitronensaft und -schale, Salz, Pfeffer und Koriander gut vermengen und abschmecken.

3 Die Tomaten mit der Avocadocreme füllen und die Kappe dekorativ daraufsetzen.

RAW FACTS

Statt der Tomaten kann man auch Gurken der Länge nach aufschneiden, aushöhlen, mit Avocadocreme füllen und wie Fingerfood essen. In einer Avocado steckt zweimal so viel Energie wie in einer Banane und sogar viermal so viel Power wie in einem Apfel. Eine ausgekügelte Kohlenhydratkombination sorgt zudem dafür, dass Nerven und Gehirnzellen besonders gut mit dieser Energie versorgt werden. Damit ist die Avocado ein echter Stresskiller.

Spinat-Kohlrabi-Nudeln

*Über die Jahre habe ich unzählige Kombinationen ausprobiert
und wieder verworfen. Auf jeden Fall immer gut in Bezug auf Harmonie
und Geschmack ist das Zusammenspiel von Spinat und Kohlrabi. Ausprobiert
in einem Minirestaurant in Stockholm und gleich für den Alltag umgesetzt …
Voilà, hier die cremigsten Nudeln à la ROHGENUSS.*

1 Die Kohlrabi schälen und mit einem Spiralisierer zu feinen Nudeln verarbeiten. Den Spinat waschen und die Knoblauchzehen schälen.

2 Spinat mit Knoblauch, Olivenöl, Muskat, Salz, Pfeffer und einem guten Schuss Wasser im Mixer fein pürieren.

3 Die Kohlrabi-Nudeln mit der Spinatcreme vermengen. Mit Sesam und Kresse garnieren.

Rohgenuss-Tipp: Wenn man keinen Spiralisierer besitzt, kann man stattdessen RAWvioli zubereiten. Dazu den geschälten Kohlrabi in hauchdünne Scheiben schneiden, Creme daraufgeben und mit einer weiteren Kohlrabischeibe abdecken.

🕐 **15 MINUTEN**

3 Kohlrabi

300 g Spinat

2 Knoblauchzehen

2 EL Olivenöl

2 Msp. Muskat

Salz und etwas Pfeffer

Sesam und Kresse zum Garnieren

NUSSFREI

Pestohäppchen

Diesen Snack serviere ich gerne, wenn unangekündigter Besuch kommt.
Ob mit Zucchini oder Gurke als Grundlage: Diese Häppchen mit Pesto
(ein bis zwei Kräutertöpfchen habe ich immer daheim) und Nüssen oder
Kernen sind blitzschnell gezaubert und lassen den Besuch mit
einem leichten und guten Gefühl wieder nach Hause gehen.

🕐 **15 MINUTEN**

2 Zucchini

2 Bund Basilikum

2 Knoblauchzehen

100 g Pinienkerne

1 EL Olivenöl

Salz und Pfeffer

Sprossen zum Garnieren

RAW-FOR-KIDS

1 Die Zucchini waschen und die Enden abschneiden. Die Blätter vom Basilikum abzupfen und waschen, die Knoblauchzehen schälen.

2 Die Basilikumblätter mit Pinienkernen, Olivenöl, Knoblauch, Salz und etwas Pfeffer im Mörser zu einem cremigen Pesto zerdrücken (klappt auch mit einem Stabmixer).

3 Die Zucchini in dünne Scheiben schneiden und mit je einem Teelöffel Pesto bestreichen. Die Häppchen mit Sprossen oder Gemüse nach Wahl garnieren und das Fingerfood sogleich servieren.

RAW FACTS

Das Basilikum ist uns vor allem als Gewürzpflanze bekannt, doch es ist auch ein Heilkraut. Es stärkt nicht nur die Verdauungsorgane, sondern beruhigt auch die Nerven, lindert Migräne und leistet gute Dienste in der Frauenheilkunde.

Pak Choi in gelber Currysoße

Currypulver ist ein Gewürz, welches in meinem Gewürzschrank
nie fehlen darf. Anfangs habe ich immer Nüsse für das Sößchen verwendet,
hab jedoch bald die Vorzüge von Sonnenblumenkernen erkannt:
1. wesentlich günstiger und 2. im Geschmack perfekt
(insbesondere wenn man fein mit Gewürzen abstimmt).

1 Die Pak Choi waschen und mit dem Strunk fein schneiden. Die
Paprika waschen, entkernen und würfeln. Den Lauch waschen und
in hauchdünne Scheiben schneiden. Die Knoblauchzehen schälen.

2 Für die Soße Sonnenblumenkerne, Kurkuma, Currypulver, Kreuzkümmel, Wasser, Knoblauch, Salz und Kokosraspel zusammen im
Mixer fein pürieren.

3 Die Soße mit dem geschnittenen Gemüse vermengen und vor
dem Servieren eine halbe Stunde ziehen lassen.

🕐 15 MINUTEN

8 Pak Choi

4 rote Paprika

20 cm Lauch

3 Knoblauchzehen

100 g Sonnenblumenkerne

1 TL Kurkuma

½ TL Currypulver

¼ TL gemahlener
Kreuzkümmel

150 ml Wasser

Salz

3 EL Kokosraspel

RAW-TO-GO

RAW FACTS

»Pak-choische Eigenarten«: Das asiatische Grün zählt zu den
»Raketengewächsen« (nein, dieser Begriff ist in der Pflanzenkunde
nicht zu finden, spiegelt aber sein rasantes Wachstum wider). In
kurzen 8 bis 10 Wochen wächst der Pak Choi bevorzugt in nähr-
stoffhaltigem Boden und nach Möglichkeit an einem windgeschütz-
ten Ort. In Wuchs und Kultur einem Chinakohl sehr ähnlich, ist
Pak Choi reich an Eiweiß, den Mineralien Kalzium und Eisen und
den Vitaminen der B-Gruppe und C.

Gurkenröllchen mit Spinatcreme

Jetzt sind wir bei meinem Lieblingsgericht angekommen.
Ein Gericht, das kein bisschen roh schmeckt und außerdem wunderhübsch
aussieht. Es lässt sich ganz toll mitnehmen und alle Brötchenesser
rund um einen herum vor Neid erblassen.

🕐 15 MINUTEN

1 Gurke
300 g Spinat
100 g Mangold
3 Knoblauchzehen
6 EL Sonnenblumenkerne
2 Msp. Muskat
Salz
Kräuter zum Garnieren

RAW-TO-GO

1 Die Gurke waschen und mit einem Sparschäler der Länge nach dünne Streifen abziehen. Spinat und Mangold waschen und klein reißen. Die Knoblauchzehen schälen.

2 Spinat, Mangold, Knoblauch, Sonnenblumenkerne, Muskat und Salz im Standmixer fein cremig pürieren.

3 Je einen Teelöffel Creme auf die Mitte eines Gurkenstreifens geben und einrollen. Die Gurkenröllchen auf Tellern anrichten und mit Kräutern garnieren.

RAW FACTS

Mangold, eine sehr traditionelle Gemüsesorte, war in den vergangenen Jahren etwas in Vergessenheit geraten und erlebt aktuell einen neuen Aufschwung. Mangold wird schon seit rund 4000 Jahren angebaut und zählte im 17. Jahrhundert zu den beliebtesten Gemüsesorten – bis er vom Spinat verdrängt wurde. Heute ziert der Mangold wieder viele Gärten und schmückt dekorativ feine Gerichte. Vielseitig einsetzbar, ist das ausgesprochen vitaminreiche Gemüse auch in der gehobenen Küche wieder Trend. Es hat sich erfolgreich aus dem Schatten des Spinats befreit.

Papaya-Carpaccio mit Minzpesto

Als Liebhaberin des hohen Nordens lasse ich mich gerne von der Gourmetrohkost inspirieren, die dort zubereitet wird. Dagegen wird man mich in heißen, südlichen Gefilden eher seltener finden. Das Papaya-Carpaccio durfte ich im Zuge einer Einladung von einer lieben Freundin genießen. Sie liebt die Urlaubsdestination Thailand über alles und holt sich dort gerne die eine oder andere Anregung. Ihre Variante war höllisch scharf und daher weniger massentauglich. Hier kommt eine abgeschwächte Form mit fruchtigem Dressing und minziger Creme.

1 Die Cashew- oder Pinienkerne über Nacht einweichen, dann das Einweichwasser wegschütten.

2 Die Papaya halbieren, entkernen und in dünne Scheiben schneiden. Die Minzblätter waschen.

3 Für das Pesto Cashew-Pinienkerne, Minzblätter, Limettensaft, Olivenöl und Salz im Mörser cremig verarbeiten.

4 Die Papayascheiben auf Teller verteilen und erst mit dem Minzpesto, dann mit dem Essig beträufeln. Mit Sesam, Chiliflocken, Algen und Sprossen nach Wahl dekorieren.

🕐 **15 MINUTEN (OHNE EINWEICHZEIT)**

80 g Cashewkerne oder Pinienkerne

1 große Papaya

150 g Minze

Saft von 1 Limette

4 EL Olivenöl

etwas Kräutersalz

5 EL Fruchtessig

2 EL Sesam

etwas Chiliflocken

etwas Algenflocken

Sprossen nach Wahl zur Deko

BLITZSCHNELL

RAW FACTS

Die Papaya hat einen guten Ruf unter Figurbewussten: Sie enthält vor allem große Mengen des Superenzyms Papain. Es hilft dabei, Eiweiß zu verdauen und die Fettverbrennung zu beschleunigen. Aber auch sonst hat die Papaya einiges zu bieten: Die auch »Baummelonen« genannten Früchte bringen Immunsystem und Stoffwechsel ins Lot und wirken unterstützend gegen etliche Krankheiten und Beschwerden. Schon 100 g Papaya decken beispielsweise unseren Tagesbedarf an Vitamin C zu mehr als 150 Prozent!

Ein rohköstliches **DESSERT** hat noch immer seinen Platz auf dem Tisch gefunden. Etwas Süßes geht immer! Mit köstlichen Früchten kombiniert, ist das Ergebnis ein Traum an Süße, fruchtiger Säure und Cremigkeit. Ob Früchteschokolade, exotisches Tatar oder ein fruchtiges Crumble. Hier ist für jeden Dessertliebhaber etwas mit dabei.

Schokomousse mit Granatapfel und Kakaonibs

Ich liebe Pudding über alles und war lange auf der Suche nach
der perfekten rohköstlichen Alternative. Die Kombination der süßen Bananen
mit der cremigen Avocado, der Frische aus der Orange und genügend Vanille hat
meinen Gaumen letztlich überzeugt und schmeckt mir besser als die gekochte
Variante. Mit viel bunter Garnierung erfreut man auch das Auge.

🕐 **10 MINUTEN**

2 Orangen

7 vollreife Bananen

1 sehr weiche Avocado

3 EL Kakaopulver

½ TL Vanillepulver

½ TL Zimt oder
Lebkuchengewürz (optional)

ZUM GARNIEREN:

1 Granatapfel, Früchte,
Kakaonibs, Kokosraspel,
Nüsse, Buchweizen o. Ä.

BLITZSCHNELL

1 Orangen und Bananen schälen. Die Avocado halbieren, entkernen und mit einem Löffel das Fruchtfleisch herauslösen. Orangen, Bananen und Avocadofruchtfleisch in sehr grobe Würfel schneiden und im Standmixer mit Kakao, Vanillepulver und nach Belieben Zimt zu einer feinen Mousse pürieren.

2 Die Creme auf Dessertschüsselchen aufteilen und mit Granatapfelkernen, Kakaonibs, geschnittenen Früchten, Kokosraspeln o. Ä. garnieren.

Rohgenuss-Tipp: Alle Angaben zum Garnieren sind immer nur als Empfehlung zu sehen. Oftmals geben die Vorratsschränke genug her, so dass nicht extra etwas gekauft werden muss. Das ist ein wichtiger Schritt gegen Lebensmittelverschwendung, ein Herzensthema für mich! In meinem Laden hatte ich einen sogenannten »Fairteiler«. Privatpersonen konnten hier Lebensmittel abgeben, die nicht mehr gebraucht werden, und ich *fairteilte* diese an andere Menschen weiter. Ich wünsche mir baldigst auch bei uns ein Gesetz, das Supermärkten verbietet, noch verwendbare Lebensmittel einfach wegzuwerfen ... hoffentlich ganz bald.

Exotisches Tatar

Frisches Obst zu essen ist immer ein gute Idee,
aber kreativ präsentiert lieben es alle in meiner Familie, und jeder
kommt auf seinen Vitaminbedarf. In der Rohkost schmeckt es mir
immer gleich viel besser, wenn alles sehr klein verarbeitet ist –
in meinen Workshops heißt die Anweisung dazu »miniwuzziklein« schneiden.

1 Die Melonen entkernen, schälen und sehr klein würfeln. Die Kaki waschen und mitsamt der Schale ebenso würfeln. Die Banane schälen und in dünne Scheiben schneiden. Beide Orangen schälen und filetieren (siehe Tipp unten).

2 Das gesamte Obst mit Agavendicksaft, Zitronensaft, Kokosflocken und Vanillepulver behutsam vermengen. Das Obsttatar in Dessertringen anrichten und so frisch wie möglich servieren.

Rohgenuss-Tipp: Orangen oder Grapefruits filetieren klingt anspruchsvoller, als es tatsächlich ist. So geht's: Als Erstes schälen Sie die Frucht wie einen Apfel. So haben Sie die äußere Haut schon einmal entfernt. Nun schneiden Sie die Filets mit einem scharfen Messer entlang der Trennwände zur Mitte spitz zulaufend heraus. Um alles Fruchtfleisch an einem Stück herauszubekommen, braucht es etwas Übung.

Das Feine an diesem Gericht ist, dass es völlig egal ist, welches Obst man verwendet. Nehmen Sie einfach Ihr Lieblingsobst. Ich finde es immer sehr lecker, wenn etwas Saures mit dabei ist.

🕐 **15 MINUTEN**

½ Zuckermelone

¼ Honigmelone

1 Kaki

1 Banane

2 Orangen

1 TL Agavendicksaft (optional)

Saft von 1 Zitrone

2 EL Kokosflocken

2 Msp. Vanillepulver

NUSSFREI

Kokos-Dessertcreme mit Heidelbeer-Zwetschgen-Soße

Da ich kein großer Fan von Milchprodukten oder Sojajoghurt bin,
musste eine rohe Alternative her. Man kann Joghurtkulturen beisetzen
(hab ich zugegebenermaßen noch nie gemacht), oder man holt sich die Säure
durch die Zitrone. In Kombination mit exotischem Kokos hole ich mir mit
dieser Variante den Süden nach Hause. Inspiriert hat mich ein süßes
Rohkostcafé in Stockholm, eine meiner rohen Lieblingsstädte.

🕑 **15 MINUTEN**

200 g Cashewkerne
oder Macadamianüsse

1 Orange

2 Zwetschgen

100 g Heidelbeeren

2 Biozitronen

3 EL Agavendicksaft

80 g Kokosraspel

100 ml kaltes Wasser

½ TL Vanillepulver

RAW-TO-GO

1 Die Cashewkerne oder Macadamianüsse über Nacht in kaltem Wasser einweichen und anschließend das Einweichwasser wegschütten.

2 Die Orange schälen, die Zwetschgen waschen und entkernen und die Heidelbeeren waschen. Die Schale einer Biozitrone abreiben, beide Zitronen auspressen.

3 Eingeweichte Cashewkerne, Agavendicksaft, Kokosraspel, Wasser, Orange und Vanillepulver im Standmixer fein pürieren. Zitronenschale und -saft unter die Creme rühren. Bei Bedarf noch etwas Flüssigkeit oder Süße dazugeben.

4 Zwetschgen und Heidelbeeren miteinander pürieren und mit einer Gabel auf der Creme verteilen (ergibt einen schönen marmorierten Effekt).

Rohgenuss-Tipp: Die Creme eignet sich wunderbar zum Mitnehmen und schmeckt auch mit jeder anderen Fruchtsoße (z. B. aus Himbeeren oder Erdbeeren) ganz großartig. Zudem ist die wunderbare Optik perfekt, um sie auch Gästen zu servieren.

Granatapfel-Tartelettes

*Definitiv ein Renner bei meinen »Kaffee und Kuchen«-Besuchern.
Ich habe immer ein paar Stück in meinem Tiefkühler und nehme sie
20 Minuten vor Eintreffen meiner Lieben heraus, um sie aufzutauen
und hübsch garniert zu servieren. Die meisten meiner Gäste merken
gar nicht, dass dieses wunderbare Törtchen roh ist …*

1 Die Mandeln über Nacht in kaltem Wasser einweichen und anschließend das Einweichwasser wegschütten.

2 Eingeweichte Mandeln, Agavendicksaft, Kokosöl, Kakaopulver, Orangensaft und Vanillepulver im Standmixer fein pürieren.

3 Eine Muffinform nehmen und vier Vertiefungen mit Frischhaltefolie auslegen. Die Creme in den vier Vertiefungen verteilen und glatt streichen.

4 Den Granatapfel halbieren und entkernen. Die Granatapfelkerne auf der Creme verteilen und das Ganze im Tiefkühler für gut eine Stunde härten lassen.

5 Die fertigen Küchlein aus der Form lösen und die Folie abziehen. Wenn die Granatapfel-Tartelettes nicht gleich genossen werden, bitte unbedingt im Kühlschrank aufbewahren.

Rohgenuss-Tipp: Anstelle von Granatapfelkernen passen auch Himbeeren oder andere Beeren perfekt zu dem herben Aroma des Kakaos. Für Kinder nehme ich etwas mehr Süße und ein bisschen weniger Kakaopulver, und sie lieben es!

FÜR 6–8 STÜCK

🕐 **15 MINUTEN (OHNE EINWEICH- UND HÄRTEZEIT)**

250 g Mandeln

130 ml Agavendicksaft

150 ml Kokosöl

3 EL Kakaopulver

Saft von 1 Orange

½ TL Vanillepulver

1 großer Granatapfel

RAW-FOR-KIDS

Nussporridge – mein perfektes Frühstück

Diese Frühstückscreme ist mein absoluter Favorit und erinnert mich
ganz stark an das Frischkornmüsli mit ganz viel Sahne von meiner Mutter.
Wenn man lange genug mixt, bekommt die Creme eine sehr luftige Konsistenz.
Zum Träumen und genießen …

🕐 **10 MINUTEN**

5 süß-säuerliche Äpfel

3 Orangen

1 TL Zimt

100 g gemischte Nüsse

1 Handvoll Haselnüsse,
getrocknete Feigen und Obst
nach Wahl zur Dekoration

BLITZSCHNELL

1 Die Äpfel waschen, vierteln und entkernen. Die Orangen abschälen und mit den Äpfeln, Zimt und gemischten Nüssen in den Standmixer geben. Alles zu einer feinen Creme pürieren und auf Teller verteilen.

2 Die Haselnüsse und getrockneten Feigen grob hacken und schneiden. Das gewaschene Obst nach Wahl (ich nehme gerne Zwetschgen und Äpfel) in dünne Spalten schneiden und dekorativ mit dem Nussporridge anrichten.

Rohgenuss-Tipp: Anstelle der Nüsse verwende ich ab und an Buchweizen- oder Hirseflocken. Nüsse in großen Mengen bekommen mir nicht gut, und so wechsle ich gerne ab.

Apfel-Feigen-Crumble

*Ein Crumble kannte ich von Kindestagen an, und ich liebte es.
Die Kombination von Butter, Weißmehl und Zucker ist wahrlich eine der
ungesündesten generell – etwas Ähnliches, Rohes musste her! Das Mehl war schnell
durch Nüsse ersetzt (hier auch genügend Fett mit drinnen), die Flüssigkeit
der Butter ergab den Griff zum Orangensaft, und die Süße hole ich mir durch
die Trockenfrüchte ... voilá, das Rohkostcrumble ist geboren.*

1 Für den Crumbleteig die Orange schälen und mit den Feigen im Mixer pürieren, anschließend gemahlene Haselnüsse, Zimt, Vanillepulver und Zitronensaft unterrühren. Der Teig soll krümelig bleiben, also nicht zu lange rühren.

2 Die Äpfel waschen und rund um das Kerngehäuse auf einer groben Gemüsereibe reiben. Den Abrieb mit dem Orangensaft vermischen.

3 Eine Auflaufform erst mit der Apfelmasse füllen und dann den krümeligen Crumbleteig darübergeben.

4 Die Nüsse und Feigen für obendrauf grob hacken bzw. schneiden, über den Crumble streuen und das Ganze für zwei Stunden im Kühlschrank ziehen lassen.

🕐 15 MINUTEN

1 Orange

10 getrocknete Feigen

200 g gemahlene Haselnüsse

je ½ TL Zimt und Vanillepulver

1 EL Zitronensaft

6 Äpfel

100 ml frisch gepresster Orangensaft

1 Handvoll Haselnüsse und 3 getrocknete Feigen für obendrauf

RAW-TO-GO

RAW FACTS

Die Feige ist viel zu lecker, um sie Adam und Eva zu überlassen. Besonders am Ende des Sommers sind die Früchte an Saftigkeit und Intensität des Aromas nicht zu überbieten. Neben einer großen Menge an Vitamin C und Mineralien beinhaltet die Feige auch essenzielle Aminosäuren.
Richtig reif ist eine Feige, wenn der Stiel trocken ist, die Schale etwas verschrumpelt und die Frucht »weint« – das heißt, wenn sich am Blütenansatz ein sogenannter Honigtropfen bildet.
Die biblische Frucht eignet sich für eine vielfältige Verwendung: süß oder pikant, roh oder gebraten, mit (nur wenn sie frisch und unbehandelt sind) oder ohne Schale.

Cashewcreme mit frischen Früchten

Mit diesem Rezept hole ich mir den Klassiker –
Joghurt mit Früchten – retour auf meinen rohen Frühstückstisch.
Ideal für meinen oft langen Arbeitstag, nehme ich mir nur die fertige Creme
mit und kaufe mir unterwegs frische Beeren für obendrauf. Rohkost kann
so einfach sein ... und schmecken tut sie ohnehin.

🕐 15 MINUTEN
(OHNE EINWEICHZEIT)

300 g Cashewkerne

1 große Orange

50 ml kaltes Wasser

Saft von 2 Zitronen

½ TL Vanillepulver

3 EL Agavendicksaft

400 g frische Früchte nach
Saison und Wahl

BLITZSCHNELL

1 Die Cashewkerne über Nacht in kaltem Wasser einweichen und anschließend das Einweichwasser wegschütten.

2 Die Orange schälen und mit eingeweichten Cashewkernen, Wasser, Zitronensaft, Vanillepulver und Agavendicksaft im Standmixer oder mit einem Stabmixer zu einer sehr feinen Creme pürieren. Die Creme in Gläser füllen.

3 Die Früchte nach Wahl waschen und bei Bedarf schälen oder entkernen. Alles klein würfeln und auf der Creme verteilen. Ich habe hier Granatapfel, Zuckermelone, Kaki, Mandarinen und Kiwi verwendet.

Rohgenuss-Tipp: Ich liebe diese Creme als Joghurtersatz. Wenn ich sie zum Mitnehmen zubereite, lasse ich das frische Obst weg und gebe die doppelte Menge Zitronensaft dazu. Vor dem Essen besorge ich mir dann ein paar Beeren und toppe sie damit, bevor ich den cremigen Traum genieße.

Haselnuss-Feigen-Konfekt

Eine geballte Ladung Natur pur bekommt man
mit diesen blitzschnell zubereiteten Bällchen aus Trockenfrüchten,
etwas Flüssigkeit und Nüssen. Ideal zum Mitnehmen und für den schnellen
Energiekick zwischendurch. Unser Sohn bekommt diesen Pausensnack
gerne mal in die Schule mit.

1 Die Orange schälen, die Feigen grob hacken. Zusammen im Standmixer zu einer süßen Paste pürieren. Anschließend die Haselnüsse
einrühren und alles mit Zimt oder Lebkuchengewürz und Vanillepulver
abschmecken. Die Konsistenz der Masse sollte so sein, dass sie mit
feuchten Händen gut formbar ist. Bei Bedarf mehr gemahlene Nüsse
oder etwas Flüssigkeit (z. B. Orangensaft oder Wasser) dazugeben.

2 Die Nuss-Feigen-Masse zu kleinen Kugeln formen und abwechselnd
in Sesam und Kokosflocken wälzen. Im Kühlschrank aufbewahrt, hält
sich das Konfekt etwa fünf Tage.

FÜR CA. 30 STÜCK
🕐 15 MINUTEN

1 große Orange

250 g getrocknete Feigen

400 g gemahlene
Haselnüsse

½ TL Zimt oder
Lebkuchengewürz

½ TL Vanillepulver

Sesam und Kokosflocken
zum Wälzen (oder Carob,
Kakaopulver, Pistazien)

RAW-FOR-KIDS

RAW FACTS

Schon im ersten Jahrhundert nach Christus wurden im westlichen
Mittelmeerraum bis zu 30 Sorten Feigen angebaut. Heute wird
die Feige in vielen Ländern gepflanzt. Hauptproduzenten sind
die Türkei, Griechenland, Spanien, Italien, Marokko und Portugal.

Johannisbeerbowl mit frischen Früchten

Smoothies zum Löffeln sind im Moment in aller Munde –
natürlich auch in meinem. Bei Bowls bekommt der Aspekt des
»Das Auge isst mit« eine ganz besondere Bedeutung. Der Kreativität
sind keine Grenzen gesetzt – man schmücke das Gericht mit allem,
was der Vorratsschrank hergibt ☺ Ich liebe Bowls!

🕐 **10 MINUTEN**

2 Bananen

2 Orangen oder 6 Mandarinen

100 g Erdbeeren oder
Himbeeren

200 g Rote Johannisbeeren

1 TL Vanillepulver

Früchte nach Wahl zum
Dekorieren

4 EL Kokosraspel

NUSSFREI

1 Bananen und Orangen (bzw. Mandarinen) schälen. Die Beeren gut waschen und das Grün bzw. die Stengel abzupfen.

2 Das gesamte Obst zusammen mit dem Vanillepulver mit einem Stabmixer oder Standmixer zu einer fruchtigen Creme verarbeiten.

3 Die pinke Creme auf kleine Schüsselchen verteilen und mit gewaschenem und geschnittenem Obst nach Wahl sowie Kokosraspeln garnieren.

Rohgenuss-Tipp: Bowls sind im Moment in aller Munde, und auch Kinder sind von den quietschbunten Variationen hellauf begeistert. Mit dem Lieblingsobst eine Bowl gemixt und »Mein Kind mag kein Obst und Gemüse« ist Geschichte!
Eine gute Handvoll Johannisbeeren mit 2–3 Scheiben Zitrone in einer Wasserkaraffe mit kaltem Wasser aufgefüllt ist garantiert ein Hingucker auf jedem fein gedeckten Sommertisch.

Früchte-Schoko-Block

*Meine Kindheit bei Oma wurde ganz stark durch Eiskonfekt geprägt.
Im Kühlschrank fand ich immer welche, und dann wurde genascht, als gäb's kein
Morgen mehr ☺ Heute wird wieder genascht, nur die rohe und natürlich wesentlich
bessere und gesündere Variante, aber wenn ich die Augen schließe und ein Stück
in den Mund nehme, fühle ich mich wie damals bei Oma am Kühlschrank.*

1 Die Walnüsse über Nacht in kaltem Wasser einweichen und anschließend das Einweichwasser wegschütten.

2 Eingeweichte Walnüsse, Dattelsirup, Kokosöl, Kakaopulver, Orangensaft, Zimt und Lebkuchengewürz im Standmixer fein pürieren und in eine mit Backpapier ausgelegte Auflaufform gießen und glatt streichen.

3 Gojibeeren, Maulbeeren oder Rosinen und halbe Walnüsse auf der Schokomasse verteilen.

4 Die Auflaufform für eine Stunde im Tiefkühler härten lassen. Anschließend den Schokoblock in Würfel schneiden und im Kühlschrank aufbewahren.

FÜR 20 WÜRFEL
🕐 **15 MINUTEN
(OHNE EINWEICH-
UND HÄRTEZEIT)**

250 g Walnüsse

120 ml Dattelsirup oder Agavendicksaft

150 ml Kokosöl oder Kokosmus

3 EL Kakaopulver

Saft von 1 Orange

je ½ TL Zimt und Lebkuchengewürz

3 EL Gojibeeren

2 EL Maulbeeren oder Rosinen

ein paar halbe Walnüsse zum Dekorieren

BLITZSCHNELL

RAW FACTS

Beim Kokosöl wird die Nuss ausgepresst, beim Mus wird auch das Fruchtfleisch mit verarbeitet. Das Mus ist daher süßer und enthält im Gegensatz zum Öl auch Eiweiße. In beiden Fällen ist die Konsistenz bei Temperaturen bis 25 Grad Celsius fest. Darüber wird das Öl flüssig und das Mus cremig. Das Öl lässt sich auch zum Braten und Frittieren verwenden, das Mus nicht.

Apfel-Orangen-Schoko-Tarte

Diese Tarte ist unser Weihnachtshighlight.
Davon müssen mindestens drei Stück zubereitet werden,
und die sind meist schon vor dem Weihnachtsdinner weggeputzt.
Die Konsistenz der Tarte erinnert mich stark an meine Kindheit,
da hat uns meine Oma gerne mal mit Eiskonfekt gefüttert …

🕑 15 MINUTEN (OHNE EINWEICH- UND HÄRTEZEIT)

200 g Cashewkerne

120 ml Agavendicksaft

150 ml Kokosöl

½ TL Zimt

3 EL Kakaopulver

Saft und Schale von 1 kleinen Bioorange

6 getrocknete Apfelringe

2 frische Äpfel

RAW-FOR-FAMILY

1 Die Cashewkerne über Nacht in kaltem Wasser einweichen und anschließend das Einweichwasser wegschütten.

2 Cashewkerne, Agavendicksaft, Kokosöl, Zimt, Kakaopulver und Orangensaft in einen Standmixer geben und zu einer feinen Creme pürieren.

3 Die Apfelringe klein hacken und mit ¾ der Orangenschale unter die Creme rühren. Eine kleine Springform mit Backpapier auslegen, die Creme einfüllen und glatt streichen und mit der restlichen Orangenschale bestreuen.

4 Die Tarte für eine Stunde im Tiefkühler härten lassen. Zum Servieren aus der Form lösen. Zum Schluss die frischen Äpfel waschen, mit dem Spiralisierer in Locken schneiden, mit der Gemüsereibe zerkleinern und auf der Tarte verteilen.

Rohgenuss-Tipp: Die Tarte (ohne Apfeltopping) kann auch prima eingefroren werden. Im Tiefkühler ist sie – gut in Frischhaltefolie eingewickelt oder in Gefrierbeutel verpackt – mindestens drei Monate haltbar.

Vanillefondue mit frischen Früchten

Ich liebe es, mit Kindern in der Küche zu schnibbeln und leckere Gerichte
zu zaubern. Je bunter, desto besser, und je mehr Kinder, desto mehr Gusto auf
die fertige Speise. Das Vanillefondue bereite ich gerne bei Jamie Olivers
FOOD REVOLUTION zu, und es kommt stets super an.

1 Die Cashewkerne oder Macadamianüsse über Nacht in kaltem
Wasser einweichen und anschließend das Einweichwasser wegschütten.

2 Cashewkerne, Vanillepulver, Agavendicksaft und Limettensaft mit
dem lauwarmen Wasser in einem Standmixer zu einer sehr feinen,
leicht flüssigen Creme pürieren. Das Fondue bei Bedarf mit mehr Süße
oder Säure abschmecken.

3 Die Früchte waschen, bei Bedarf entkernen oder schälen und in
mundgerechte Stücke schneiden. Die Vanillefonduecreme mit dem
Obst und Holzspießchen anrichten und mit den Liebsten genießen.

Rohgenuss-Tipp: Für die schokoladige Variante den Limettensaft
weglassen und dafür etwas Zimt und 2 Esslöffel Kakaopulver hinzufügen. Kakao enthält wertvolle ungesättigte Fettsäuren, darunter viel
Ölsäure. Diese erhöht den Wert des »guten« Cholesterins und sorgt
für eine gesunde Herzfunktion.

🕐 **15 MINUTEN
(OHNE EINWEICHZEIT)**

200 g Cashewkerne oder
Macadamianüsse (der Farbe
wegen sollten es keine
braunen Nüsse sein)

1 TL Vanillepulver

3 EL Agavendicksaft

Saft von 2 Limetten

150 ml lauwarmes Wasser

Früchte nach Wahl und
Saison

RAW-FOR-FAMILY

Schoko-Kokos-Torte

Ich liebe Kokos, ich liebe Kakao, und ich liebe Torten.
Rohköstliche Torten für jeden nur erdenklichen Anlass zu kreieren ist ein
Steckenpferd von mir – und erfreut den Gaumen meiner Familie und Gäste.

🕐 **10 MINUTEN**
(OHNE EINWEICH-
UND HÄRTEZEIT)

250 g Cashewkerne

120 ml Agavendicksaft

150 g Kokosmus

100 g Kokosraspel

4 EL Kakaopulver

Saft von 1 Orange

Schale von 1 Biozitrone

Früchte nach Wahl und etwas
Kokosraspeln zum Garnieren

BLITZSCHNELL

① Die Cashewkerne über Nacht in kaltem Wasser einweichen und anschließend das Einweichwasser wegschütten.

② Cashewkerne, Agavendicksaft, Kokosmus, Kokosraspel, Kakaopulver und Orangensaft in einen Standmixer geben und zu einer feinen Creme pürieren. Anschließend die Zitronenschale unterrühren.

③ Die Creme in eine kleine mit Backpapier ausgelegte Springform gießen und glatt streichen.

④ Die Torte für eine Stunde im Kühlschrank härten lassen, dann aus der Form lösen und mit gewaschenen Früchten nach Wahl belegen und mit einigen Kokosraspeln bestreuen.

RAW FACTS

Rohkakao wird nicht erhitzt und geröstet. Dagegen werden die Kakaobohnen für die meisten Schokoladenprodukte erhitzt, wobei viele Nährstoffe verlorengehen. Rohkakao ist reich an Magnesium, schützt die Zellen und löst Glücksgefühle aus. Er lässt den Körper entspannen und sorgt für mehr Energie und Konzentration. Ein Wundermittel also!

Bei **DIES UND DAS** findet man ein Sammel-
surium an Rezepten, die in den anderen
Kapiteln keinen klaren Platz gefunden
haben, aber auf keinen Fall fehlen dürfen.
Neben köstlichen Säften, cremigen Smoothies,
würzigen Dips und anderen rohen Köstlichkeiten gibt es wieder Tipps und Tricks zur
rohen Küche.

Johannisbeershake mit Mandel- oder Cashewmilch

Ich bin kein großer Fan der aufwendigen Küche. Daher besitze ich auch kein Nusssieb und keinen Nussbeutel. Wenn ich mir einen Nussdrink zubereite, dann genieße ich diesen sofort, so dass sich gar kein Trester (das sind die Rückstände) am Boden absetzen kann. Für die Nussmilch gilt die Faustregel 10:1 … 10 Teile Wasser auf 1 Teil Nuss nach Wahl. Bei der Mandelmilch gebe ich etwas Zimt dazu, und die Cashewmilch süße ich gerne mit einer mitgemixten getrockneten Dattel.

🕐 **10 MINUTEN**
(OHNE EINWEICHZEIT)

80 g Mandeln oder
Cashewkerne

200 g Rote Johannisbeeren

2 EL Agavendicksaft

Saft von 1 Limette

2 EL Gojibeeren

800 ml Wasser

RAW-FOR-KIDS

1 Die Mandeln oder Cashewkerne über Nacht einweichen, das Einweichwasser wegschütten.

2 Die Johannisbeeren waschen und vom Grün befreien. Zusammen mit Mandeln oder Cashews, Agavendicksaft, Limettensaft, Gojibeeren und Wasser im Standmixer cremig pürieren. Bei Bedarf noch etwas Flüssigkeit oder Süße hinzugeben.

RAW FACTS

Die kleine kugelförmige Johannisbeere mit der glatten Schale ist je nach Art geschmacklich völlig unterschiedlich: von sehr fruchtig und süß bis zu säuerlich und beinahe herb. Neben einer Reihe von Vitaminen ist ihr Gehalt an Kalium, Kalzium, Mangan, Eisen sowie Pektinen bemerkenswert. Wertvolle Ballaststoffe und ein hoher Fruchtsäuregehalt regen darüber hinaus die Verdauung an und wirken gegen Verstopfung. Was gut für den Stoffwechsel ist, nützt natürlich auch dem Hautbild. Zudem fallen Johannisbeeren mit gerade mal 33 Kalorien per 100 g »nicht groß ins Gewicht« und sind ein regelrechter Schlankmacher. Auch der Wassergehalt von 85 Prozent unterstützt die schlanke Linie und macht schön! Allgemein gelten die Johannisbeeren als nervenberuhigend und aufgrund ihres hohen Vitamin-C-Gehalts immunstärkend.

Schalottenrelish

Das folgende Rezept hat sich eher aus einer Not heraus entwickelt. Für eine spontane Grilleinladung musste ich eine Sauce zubereiten und hatte nur wenige Dinge in meinem Vorratsschrank. Mit dem Wenigen konnte ich jedoch dieses geschmackvolle Relish zaubern und alle begeistern.

1 Die Schalotten schälen und sehr klein würfeln. Die Tomaten waschen und ebenfalls in sehr kleine Würfel schneiden. Den Knoblauch schälen. Die Sauerkirschen grob hacken.

2 Schalotten- und Tomatenwürfel, durchgepressten Knoblauch und Sauerkirschen vermengen und mit Zitronensaft und -schale, Olivenöl, Apfelessig, evtl. Agavendicksaft, Salz und Pfeffer anmachen.

3 Die Chilischote im Mörser zerreiben und zum Relish hinzufügen. Das Ganze eine Stunde ziehen lassen und dann nochmals abschmecken.

🕐 **15 MINUTEN (OHNE ZIEHZEIT)**

200 g frische Schalotten

2 frische Tomaten

3 Knoblauchzehen

4 EL getrocknete Sauerkirschen (optional Cranberrys)

Saft von 1 Zitrone

Schale von ½ Zitrone

3 EL Olivenöl

1 EL Apfelessig

1 EL Agavendicksaft (optional)

Salz und viel schwarzer Pfeffer

1 sehr kleine getrocknete Chilischote

NUSSFREI

RAW FACTS

Die Schalotte darf zu den besonders gesunden Gemüsesorten gezählt werden. Ihr Inhaltsstoff Allicin (ein schwefelhaltiges ätherisches Öl) hat insbesondere für den Darm einen nützlichen Effekt. Man sagt der Schalotte sogar eine Senkung des Darmkrebsrisikos nach. Zudem ist der sehr hohe Gehalt an Vitamin C, den B-Vitaminen und Mineralstoffen hervorzuheben. In Kombination mit einem sehr niedrigen Fett- und Kaloriengehalt ist sie aus gesundheitlicher Sicht fast nicht zu toppen.

Green Smoothies

SWEET-SOUR (Foto rechts)

🕐 **5 MINUTEN**

4 Orangen

3 vollreife Bananen

100 g frischer Spinat

200 ml kaltes Wasser

1 Orangen und Bananen schälen,
den Spinat waschen.

2 Obst und Gemüse mit dem Wasser
in einen Standmixer geben und cremig pürieren.

Tipp: Dieser Smoothie eignet sich ganz
wunderbar, um in Eislutscherformen ein grünes
»Hexen«-Eis für Kids zu zaubern – und schon
merken sie gar nicht, dass es gesund ist. ☺

RAW-FOR-KIDS

IMMUNPOWER

🕐 **5 MINUTEN**

1 ganzer Stangensellerie

3 getrocknete Datteln

150 g frischer Spinat

Saft von 2 Zitronen

400 ml kaltes Wasser

1 Den Stangensellerie waschen und in kleine
Stücke schneiden (der Strunk kann gerne mitver-
wendet werden). Die Datteln entkernen. Den
Spinat waschen.

2 Alle Zutaten zusammen in den Standmixer
geben und schön cremig pürieren.

BLITZSCHNELL

RAW FACTS

Finger weg von gekauften Smoothies aus dem Kühlregal. So praktisch sie
auch sein mögen. Oftmals greifen die Produzenten auf Konzentrate anstelle
der ganzen Frucht zurück, und teils werden Zucker oder Aromen zugefügt.
Auch ist häufig die Nährstoffvielfalt nicht gegeben, weil als Hauptzutat Äpfel
oder Bananen verwendet werden, und ein Erhitzen über 100 Grad Celsius
zum Haltbarmachen hat mit Rohkost nichts mehr zu tun.

ENERGIZER

BLITZSCHNELL

🕐 **5 MINUTEN**

4 Orangen
1 vollreife Mango
1 Bund Mangold
Saft von 1 Limette
250 ml Wasser

1 Die Orangen und die Mango schälen. Das Fruchtfleisch der Mango rund um den Kern knapp abschneiden. Die Mangoldblätter einzeln gründlich waschen und grob zerreißen.

2 Früchte und Mangold mit Limettensaft und Wasser im Standmixer fein pürieren.

Rohgenuss-Tipp: Smoothies sollten immer sofort genossen werden, damit die volle Vitaminvielfalt genutzt werden kann und die Zutaten nicht oxidieren und der Smoothie hässlich braun wird.

RAW FACTS

Schönheit ist essbar. Aufgrund seines hohen Gehalts an dem Ko-
enzym Q10 wird dem Brokkoli eine verjüngende Wirkung nach-
gesagt. Mit lächerlichen 25 Kalorien pro 100 g trumpft er zudem
mit einem hohen Anteil an Ballaststoffen und den Vitaminen C, E
sowie Provitamin A auf. Darüber hinaus wurden im Brokkoli erst
kürzlich bioaktive Pflanzenstoffe entdeckt, welche ihn beinahe zu
einer Arzneipflanze machen. Damit zählt der Brokkoli zu den
gesündesten Gemüsesorten überhaupt – ganz abgesehen davon,
dass er auch eine der beliebtesten ist.

Dips

WÜRZIGER GAZPACHODIP

🕐 **10 MINUTEN**

3 frische Tomaten

100 g Salatgurke

1 rote Paprika

2 Knoblauchzehen

½ TL getrockneter Oregano

10 getrocknete Tomaten

Saft von 1 Limette

Salz und Pfeffer

RAW-TO-GO

1 Das frische Gemüse waschen. Die Tomaten
vierteln, die Salatgurke grob würfeln, die Paprika
entkernen und klein schneiden. Die Knoblauchzehen schälen.

2 Gemüse und durchgepressten Knoblauch mit
Oregano, getrockneten Tomaten, Limettensaft,
Salz und Pfeffer im Mixer zu einem cremigen Dip
pürieren und nochmals abschmecken.

FEINER BROKKOLIDIP MIT PINIENKERNEN

🕐 **10 MINUTEN**

1 Brokkoli

1 Avocado

1 Biozitrone

3 Knoblauchzehen

3 EL Pinienkerne oder Zedernüsse

Salz

¼ TL weißer Pfeffer, gemahlen

BLITZSCHNELL

1 Den Brokkoli waschen und die Röschen
abschneiden, den Strunk schälen und klein
würfeln. Die Avocado halbieren, entkernen und
mit einem Löffel das Fruchtfleisch herauslösen.
Von der Zitrone die Hälfte der Schale abreiben
und die Frucht anschließend entsaften. Die
Knoblauchzehen schälen.

2 Brokkoli, Avocadofruchtfleisch, Pinienkerne,
Zitronensaft, Salz und Pfeffer in einem Standmixer pürieren und abschmecken, dann den Knoblauch dazupressen.

3 Zum Schluss die Zitronenschale unterrühren
und den Dip zu Gemüsesticks, spiralisierten
Kohlrabi oder heißen Kartoffeln servieren.

CREMIGER HUMMUS VON DER AVOCADO

BLITZSCHNELL

🕐 **5 MINUTEN**

4 reife Avocados

2 Knoblauchzehen

4 EL Sonnenblumenkerne

1 TL Currypulver

½ TL gemahlener Kreuzkümmel

Saft von 1 Zitrone

2 EL Sesam

50 ml kaltes Wasser

Salz und Pfeffer

1 Die Avocados halbieren, entkernen und mit einem Löffel das Fruchtfleisch herauslösen. Die Knoblauchzehen schälen.

2 Das Avocadofruchtfleisch mit durchgepresstem Knoblauch, Sonnenblumenkernen, Currypulver, Kreuzkümmel, Zitronensaft, Sesam, Wasser, Salz und Pfeffer mischen. Alles zusammen mit einem Stabmixer (oder in einem Standmixer) zu einer sämigen Masse pürieren.

3 Den Avocado-Hummus abschmecken und mit Gemüsesticks servieren.

Rohgenuss ganz privat: Ich liebe es, zu einem guten Film in hauchdünne Scheiben geschnittene Rote Bete zu knabbern. Dabei lasse ich meistens die Schale dran und dippe mit dieser Guacamole. Ein gesunder und wohlschmeckender Ersatz für Nachos an Käsesoße.

ROTE-BETE-HUMMUS

NUSSFREI

🕐 **10 MINUTEN**

1 große Rote Bete

2 Knoblauchzehen

5 EL Sonnenblumenkerne

½ TL gemahlener Kreuzkümmel

1 EL Tahin

2 EL Olivenöl

50 ml kaltes Wasser

Saft von 1 Zitrone

Salz und etwas Cayennepfeffer

1 Die Rote Bete schälen und grob würfeln. Den Knoblauch schälen.

2 Rote Bete und Knoblauch mit den restlichen Zutaten in einen Standmixer geben und fein pürieren. Nochmals mit Salz abschmecken und gleich genießen.

Dips
SCHALOTTENVINAIGRETTE MIT ZITRONE

**⏱ 10 MINUTEN
(OHNE ZIEHZEIT)**

1 Knoblauchzehe

4 Schalotten

2 Zitronen

1 EL getrocknete Kräuter

4 EL Olivenöl

2 EL Apfelessig

1 TL Agavendicksaft

Salz

optional 1 TL Senf (gibt es
auch in Rohkostqualität)

LOW BUDGET

❶ Knoblauchzehe und Schalotten schälen, die Schalotten sehr klein
hacken. Eine Zitrone vierteln und in Scheiben schneiden, die zweite
auspressen.

❷ Durchgepressten Knoblauch, Schalottenwürfel und Zitronen-
scheiben in einen hohen Glasbehälter geben und mit den Kräutern,
Zitronensaft, Olivenöl, Apfelessig, Agavendicksaft, Salz und eventuell etwas Senf vermischen. Die Vinaigrette kurz durchrühren und
im Kühlschrank für einen Tag durchziehen lassen.

❸ Nach der Ziehzeit nochmals mit Salz und Agavendicksaft
abschmecken und als köstliche Salatmarinade verwenden.

RAW FACTS

Die kleine Schwester der Küchenzwiebel: Zwar erinnern Aussehen,
Geschmack und Inhaltsstoffe der Schalotte an die gewöhnliche
Haushaltszwiebel, doch unterscheidet sie sich von dieser bei genau-
erem Hinsehen sehr wohl. Die Schalotte ist wesentlich kleiner und
dunkler als eine herkömmliche Küchenzwiebel. Zudem verbirgt sich
unter der Schale immer ein doppelter Genuss: Mindestens zwei sogenannte »Bulben« verstecken sich darunter. Auch ihr Aroma ist viel
feiner und dezenter. Dieses Merkmal wird insbesondere in der
gehobenen Küche geschätzt.

Dips

SONNENBLUMEN-BOLOGNESE

1 Frische Tomaten und Möhren waschen, von den Möhren die Enden abschneiden. Die Möhren sehr fein würfeln. Sellerie und Zwiebel schälen und fein hacken. Die Knoblauchzehen schälen. Die Petersilie waschen und mitsamt den Stengeln fein hacken.

2 Die frischen Tomaten mit den Sonnenblumenkernen zu einer nicht allzu feinen Soße pürieren.

3 Getrocknete Tomaten fein hacken und zusammen mit Möhren-, Sellerie- und Zwiebelwürfelchen unter die Soße mischen. Anschließend Petersilie, durchgepressten Knoblauch und alle restlichen Zutaten untermengen und gut abschmecken.

Rohgenuss-Tipp: Passt zu rohen Gemüsenudeln ebenso wie auch zu »normal« gekochten Getreide- oder Hülsenfrüchtenudeln.

🕐 **15 MINUTEN**

8 frische Tomaten

2 Möhren

100 g Knollensellerie

1 rote Zwiebel

3–4 Knoblauchzehen

1 kleines Bund Petersilie

150 g Sonnenblumenkerne

6 getrocknete Tomaten

1 Schuss Olivenöl

Saft von ½ Zitrone

3 TL Paprikapulver

1 TL getrockneter Oregano

Kräutersalz und Pfeffer aus der Mühle

RAW-FOR-KIDS

RAW FACTS

Schon an den ihr verliehenen Namen erkennt man die große Wertschätzung gegenüber der Tomate. In Österreich, auf den paradiesischen Geschmack bezogen, nennt man die unverkennbare Frucht »Paradeiser«. Andernorts werden Bezeichnungen wie Liebesapfel, Paradiesapfel oder Goldapfel verwendet. Ursprünglich kommt das Wort Tomate aus der Sprache der Azteken. »Tomatl« wurde sie von diesen genannt, und das heißt so viel wie »prall angeschwollen« – denn die Azteken glaubten an die potenzfördernde Wirkung der Tomate …

Dips

RADIESCHEN-TZATZIKI MIT ERFRISCHENDER MINZE

🕐 **10 MINUTEN (OHNE EINWEICHZEIT)**

100 g Cashewkerne

3 Knoblauchzehen

250 g Radieschen

10 Minzblätter

20 ml Wasser

Saft von 1 Zitrone

Salz und Pfeffer

RAW-TO-GO

1 Die Cashewkerne mit Wasser bedecken und über Nacht einweichen – im Anschluss das Einweichwasser wegschütten.

2 Die Knoblauchzehen schälen. Die Radieschen waschen, das Grün entfernen (kann aber auch fein gehackt mit verwendet werden) und anschließend auf der Gemüsereibe fein raspeln. Die Minzblätter waschen und sehr fein hacken.

3 Die eingeweichten Cashewkerne mit Wasser, Zitronensaft, Salz und durchgepresstem Knoblauch im Mixer fein pürieren. Radieschenraspel und Minze unter das Cashewmus heben, mit Salz und Pfeffer abschmecken.

4 Noch etwas Kresse obendraufgeben und mit Gemüsesticks servieren.

RAW FACTS

Radieschen sind richtige Powerkugeln mit zahlreichen positiven Eigenschaften. Sie können das Cholesterin senken, sie entwässern auf sanfte Art den Körper und helfen bei Erkältungen, Husten, Heiserkeit, Bronchitis und Schnupfen. Zudem sind Radieschen gut für Haut und Figur. Kalium und B-Vitamine verhelfen zu einem gestrafften Binde-gewebe, und Hautunreinheiten werden mit den in ihnen enthaltenen Senfölen und Vitamin C bekämpft. Des Weiteren sorgt ihr hoher Eisengehalt für einen guten Sauerstofftransport zu den Zellen.

Frisch gepresste Säfte

RED DETOXJUICE »GOOD MORNING BOOSTER«

🕐 **5 MINUTEN**

1 große Rote Bete

1 Bund Stangensellerie

2 Biobirnen

LOW BUDGET

1 Die Rote Bete schälen und grob würfeln. Den Stangensellerie in einzelne Stangen trennen und gründlich waschen. Die Birnen waschen, vierteln und entkernen.

2 Alles zusammen durch den Entsafter pressen und sofort genießen.

RED DETOXJUICE »GUTE ABWEHR«

🕐 **5 MINUTEN**

1 große Rote Bete

2 Bioäpfel

8 Biomöhren

1 kleines Stück Ingwer (ca. 3 cm)

LOW BUDGET

1 Die Rote Bete schälen und grob würfeln. Äpfel und Möhren waschen – die Äpfel vierteln und entkernen, die Möhren in Scheiben schneiden. Den Ingwer schälen.

2 Alles zusammen entsaften. Bei Bedarf etwas Öl hinzufügen.

RAW FACTS

Im Gegensatz zum Knollensellerie bildet der Staudensellerie nur schwach angedeutete Knollen aus. Die Pflanze wird 60–70 cm hoch. Die bis zu 4 cm breiten zarten Blattstiele oder Blattscheiden sind weiß, gelblich, mitunter auch rot oder violett gestreift. Der Geschmack des Bleichselleries ist angenehm würzig, zwar milder als der des Knollenselleries, aber doch typisch sellerieartig. Im Gegensatz zum Knollensellerie werden nicht die unterirdischen Organe verwendet, sondern nur die Blätter.

KURZINTERVIEW
MIT DER AUTORIN
Michaela Russmann

Was bedeutet Rohgenuss?

ROHGENUSS bedeutet vieles … Leichtigkeit, Wohlbefinden, Schönheit, Kreativität, Phantasie, Loslassen, Nachhaltigkeit, Frische, Vitalität, Fitness, Genuss und ganz viel Gesundheit.

Wie kam es dazu, dass du dich mit diesem Thema beschäftigt hast?

Ich komme aus einer sehr gesundheitsbewussten Familie. Papa war Leistungssportler – österreichischer Staatsmeister Leichtathletik – und hatte einen der ersten Bioläden in Wien … Ernährung war immer ein großes Thema bei uns. Wir haben so ziemlich jede Ernährungsform durchprobiert und sind letztendlich bei Rohkost geblieben. Der Effekt auf Gesundheit und Psyche war/ist sehr hoch, deshalb steht viel Rohkost am Speiseplan.

Worauf muss man bei der »rohen« Küche achten?

Ich lege großen Wert auf Bioqualität meiner Lebensmittel. Zudem muss man im Supermarkt darauf achten, dass z.B. die Nüsse wirklich in Rohkostqualität sind. Die Kennzeichnung RAW nimmt auf den Produkten zu, da kann ich mir dann sehr sicher sein, dass alles unter 42 Grad Celsius verarbeitet wurde. Das ist auch bei Ölsaaten wie z.B. Kürbiskernen wichtig, um die volle Vitaminpower zu bekommen. Aber im Grunde reicht es, eine Vielfalt von Obst und Gemüse zu essen, und für den Körper ist alles getan.

Isst du selbst eigentlich auch mal warme bzw. gekochte Gerichte?

Ja, selbstverständlich. Ich bin kein Fan von »alles oder nichts«. Die gesunde Mischung macht es aus, und wie auch schon gesagt, macht die Menge das Gift … also findet sich auch auf meinem Teller mal ein Kuchen oder ein Stück ungesundes Weißbrot. Mein Rohkostanteil ist aber sehr hoch und schwankt je nach Jahreszeit: Im Sommer liegt er gerne auch bei 95 Prozent, im Winter bei gut 65 Prozent und kurz vor Weihnachten eher bei 5 Prozent. Zudem esse ich mit Vorliebe eine heiße Suppe und bin ein großer Kartoffelfan … und die sind roh nicht genießbar. Der Mittelweg ist, denke ich, der richtige (für mich zumindest).

Woran merkt man, dass man sich »roh« ernährt?

Natürlich wird eine Gewichtsreduktion relativ schnell spürbar. Die Haut beginnt zu strahlen, und Unreinheiten verschwinden. Für mich einer der wichtigsten Aspekte ist die Auswirkung auf den Kopf: Man fühlt sich sehr klar, schläft gut und hat ein Rundum-vital-Gefühl. Verdauungsprobleme regulieren sich, und man ist sehr schnell satt. Zudem bekommt man die volle Power aus der Nahrung, denn Vitamine und Enzyme bleiben erhalten. Der Energielevel steigt und ebenso die Konzentration.

Ist die rohe Küche auch kindergerecht? Wenn ja, warum? Und wenn nein, worauf muss man beim Kochen bzw. Zubereiten der Gerichte für Kinder achten?

Natürlich ist die Rohkostküche kindertauglich. Kinder lieben alles, was bunt ist. Beim Zubereiten von rohem Essen für Kids achte ich auf mäßige Würze und kreative Aufmachung (z. B. Gemüsekaktus, Gurkenspaghetti oder Salatwraps). Gerne gehe ich mit Kindern über den Wochen- oder Bauernmarkt und lasse sie selber aussuchen und ausprobieren. Das stärkt den individuellen Geschmack und macht das Kind neugierig. Aber auch in den Koch- bzw. Zubereitungsakt selbst sollte das Kind unbedingt mit eingebunden werden – das stärkt die Motorik, fördert die Selbständigkeit und macht Lust auf das selbstzubereitete Essen.

Welche Gerichte legst du Einsteigern für ihre ersten Rohkost-Erfahrungen ans Herz?

Im Grunde alle Rezepte aus meinen Kochbüchern. Meine Gerichte dauern in der Zubereitung grundsätzlich unter 15 Minuten und benötigen keine außergewöhnlichen Küchengeräte. Daher empfiehlt sich jedes Rezept für den Anfang. Sonst würde ich die Gurkenröllchen empfehlen: Die schmecken wie gekochtes Essen. Wenn es keine kompletten Gerichte sein sollen, sondern z. B. nur Obst, würde ich eine Flanierrunde über

den Markt vorschlagen … kaufen, was man noch nie gegessen hat, und genießen …

Was sollte, wenn man sich »roh« ernährt, immer zu Hause vorrätig sein? Also was ist die Basis für rohe Küche?

Der rohe Vorratsschrank sollte mit folgenden Lebensmitteln immer bestückt sein: Nüsse, Ölsaaten (Kürbiskerne, Sesam …), Trockenfrüchte, Kakaopulver, Kokosflocken, Kokosöl, Ölauswahl (Leinöl, Hanföl etc.), hochwertiger Essig, tiefgefrorene Beeren, eine ausgewählte Vielfalt an Superfoods (Weizengraspulver, Kakaonibs), Lieblingsgewürze (getrocknet), Salz- und Pfefferauswahl (Kräutersalz, Zitronenpfeffer), Avocados und Bananen zum Nachreifen … Den Rest kaufe ich immer frisch ein.

ROH ROCKT!

Danksagung

Ein Kochbuch zu schreiben und auch zu fotografieren
bedeutet in meinem Fall stets eine teils wenig anwesende Mama und
Ehefrau zu Hause. Der große Vorteil jedoch ist, dass es viele neue Gerichte gibt,
wenn Mama doch mal heimkommt. In Zeiten der Produktion probieren wir
auch viele Restaurants aus, weil ich die Inspiration in Foodstyling und auch
Geschmack sehr gerne mag. In diesem Sinne danke ich meinem Sohn Moritz
für seine Geduld und seinen großen Magen. Meinem Mann Jochen für
sein technisches Know-how, seine Geduld bei der Fotonachbearbeitung
und für das großartige Covershooting.
Meiner lieben Schwester Elisabeth danke ich für ihre häufige Anwesenheit
beim Shooting, weil gemeinsam macht es gleich viel mehr Spaß.
Und ein ganz besonders großer Dank geht an meine Azubi Eva.
Sie hat oftmals eine Küche in katastrophalem Zustand vorgefunden und wieder
perfekt aufgeräumt, sie stand mir mit tollen Ratschlägen zur Seite und war
von dem ganzen Projekt von Grund auf begeistert. Auch zahlreiche
Schnibbelarbeiten gingen über Evas Brett ☺
Danke auch an Mama und Papa, dass ihr mich immer
in meiner Kreativität gefördert habt und ich zu dem Menschen
werden durfte, der ich jetzt bin.

DANKE

Rezeptregister nach Kategorien

BLITZSCHNELL

RAW-TO-GO

RAW-FOR-FAMILY

Zutatenregister

Über die Autorin

Michaela Russmann ist studierte Gesundheits-
soziologin, bekannte Rohkostexpertin, Kochbuch-
autorin und offizielle Botschafterin von Jamie
Olivers *Food Revolution* in Österreich. In Wien
leitet sie Workshops, Seminare und Coachings
für die vegane und roh-vegane Küche. Sie verfügt
über eine langjährige Erfahrung in der Marktforschung und ist in der gastronomischen Bera-
tung für unterschiedliche Betriebe tätig. Seit Ende
2017 betreibt sie ihr eigenes Restaurant in Wien
als kulinarische Leiterin und Geschäftsführerin
des gesamten Wohlfühl- und Gesundheits-
zentrums. Mehr zu Michaela Russmann unter
www.rohgenuss.at

Iss, was dich schön macht!

Du möchtest frisch und natürlich schön aussehen?
In *Schön & gesund* geht es um ganzheitliche Lösungen für
dauerhafte Schönheit, die sich von innen wie von außen weiter
entfaltet. Die Wohlfühlexpertin und bekannte Foodbloggerin Stefanie
Reeb stellt köstliche Rezepte vor, die jugendliches Aussehen verleihen
und gesundes Wohlbefinden fördern. Schönheitshelfer aus der Natur,
Entgiftung statt Antifaltencreme, Wissen aus der Kräuterkunde –
all das verwandelt die Ernährungsberaterin in diesem Koch- und
Beautybuch in raffinierte und dennoch einfache Gerichte und Pflege-
produkte für mehr Energie, Vitalität und wahre Schönheit.

MIT ÜBER 60 KOCHREZEPTEN UND

ANLEITUNGEN FÜR NATURKOSMETIK

Stefanie Reeb
Schön & gesund
Rezepte und Beauty-Tipps
für strahlendes Aussehen
978-3-426-67512-0